放手，不放養

離家出走、不想上學也可以？

用準大人的視角一起生活，讀懂他們不說、不問、不談的心裡話

許恆嘉——著

目錄

【推薦序】

從前風聞，如今親見

柳子駿

「你到底在說什麼？」我十五歲就認識恆嘉，那時候我高中，他是我在教會裡的輔導，戴著大大的眼鏡，跟我講著這本書中的內容，什麼碎形思考、什麼思考空間、什麼人格特質發展⋯⋯。對！沒錯，十五歲的我，就是覺得這個人好奇怪，一個大哥哥成天向我們解釋一個我們都聽不懂的東西（但現在想：假如這本著作早三十年出來就好了）。我只有一種感覺，那就是：「你到底在說些什麼？」

後來幾年，當我開始一路念了諮商相關研究所，從事助人者的工作，漸漸在實務上一點一滴發現，咦！奇怪，恆嘉早年講的東西，怎麼在業界一一竄起，早在沒人談DISC性格測驗的時候，恆嘉就在各個社團和團契分享，並且協助當時的非營利組織內部管理和人事整合。早在親職教育還不是顯學時，恆嘉家庭三個孩子的獨門教育法，就已經在朋友之間傳為「嘉」話，讓我們覺得怎麼有人這樣教小孩，真的好高招。我最記得就是有一年，我帶著女兒到澳門去探望當時在澳門大學任教的恆嘉，他居然能夠把大學教育的書院文化，打造成「家」的文化。大家生活在一起不是稱他為「恆嘉老師」，而是跟我十五歲的時候一樣叫他「恆嘉哥」。我大吃一驚，他做到了，他真的不是把它放在腦子裡，也不是寫在書裡，他真的把碎形思考的內容實踐出來了。

當恆嘉夫妻拿初稿給我的時候，非常用心跟我的祕書約了兩個小時，深怕我因為看不懂而打退堂鼓，所以貼心安排了導讀。他們一再跟我強調「希望不要被理論嚇到」「裡面很多故事，不要擔心」「如果有什麼問題一定要反應給我們喔！」沒想到便一讀成主顧。我拿到書稿後的一周，剛好要出遠門，就在來回的飛機上，一口氣跟著作者的脈絡讀到後面，完全忘記時差的調適。VSAI真的可以說是集「教育」「心理」「領導力」及「溝通」之大成的鉅作。

讀的時候，我有幾點個人小小的淺見提供給讀者參考。

1. 作者的故事不只是寫故事：其實故事裡面是滿滿的教養知識，每個跟孩子的對話都是佳言金句，幾乎都是可以抄下來當作父母默寫三遍的範本。

2. 書中的圖像不只是理論：圖像的背後都是代表著兩代相處的豐富人生經驗。其實作者最強的不只是寫書，而是對人性的掌握和關係的處理，這是圖像和理論的背後，要看見的智慧。

3. 不只是看完書，而是要培養更好的兒女：我認識恆嘉到今天，相信他早該出版這本書了。這本書，絕對不只是寫來給我們看，是因為他希望讀這本書的我們，能夠願意一起栽種生命、再培養更好的下一代，而不是只是嘴巴說說而已。

回想，我從第一次聽恆嘉說這些東西到今天，那個感覺彷彿就像昨天。以前是覺得好奇怪，怎麼有人在講這種東西？而今天我還是一樣驚訝，驚訝的點是：「你居然把你講的活出來了！」

（本文作者為基督教台北復興堂主任牧師。）

【推薦序】

教養是陪伴，看見二十年前的自己

彭冠綸

和恆嘉老師認識，有超過二十年的時間了，當年我只是個剛升上高一的高中生，因緣際會之下加入了攝影社，認識了當時的社團老師許恆嘉。

在攝影社的日子，與其說是和老師學攝影，更多的是學習怎麼看待人生。當年高一的我，覺得自己好像長大了，想要自己做決定，卻又無法自己承擔責任。有好多事情似懂非懂，想找人問，卻不知道可以問誰。父母嗎？我不知道怎麼開口跟他們說。老師嗎？告訴他們我的煩惱，會影響到他們怎麼看我，會影響我的學業成績嗎？同學嗎？同學會說出去嗎？他會不會覺得我是異類？

在青少年時期，整個腦袋在打架，常常會不自主的哭泣，卻也說不出來由。生命彷彿需要一個出口，只是找不到出口在哪裡。

認識恆嘉老師之後，剛開始只是覺得這個老師很不一樣。他沒有給我們那種高高在上的感覺，反而更像是個大哥哥陪伴在我們身邊。

後來除了攝影的事情，和老師談更多的是關於成長、關於生活、關於未來。

敢勇敢開口的原因，是因為我發現恆嘉老師不會直接先入為主，用他過來人的經驗告訴我該怎麼做。他會先聽我說，然後從和我談話中的蛛絲馬跡，慢慢分析給我聽。當時我不敢向大人求助，是因為心裡大概也猜到大人給的答案，而這個答案往往是我不想要的，所以選擇不說、不問、不談，就這樣放在心裡。

每一次和恆嘉老師對話，我都覺得打破了我腦袋的框架，用了我從來沒有思考過的觀點去看事情。我記得當時老師已經開始著手研究「碎形思考」和「DISC」。社團時間之外，老師也會和我們一起吃飯聊天，用這些工具幫我們做一下人格測驗。這對於當時是高中生的我來說，真的是眼界大開。

高中畢業後和老師斷了聯繫，沒想到他又讀了博士班，接著到澳門教書。我們重新聯繫上是因為「館長小編的圖書館日常」這個粉專，讓他又重新找到我。

因著文字，因著網路，我們二十年後再相遇，他告訴我他正在寫一本書，正是關於他這二十多年來陪伴自己的孩子和學生的經驗。

閱讀這本書的過程當中，讓我看見一個人怎麼樣把生活跟研究結合在一起。

高中時就常常聽老師談自己的三個孩子和師母的故事，聽著老師的教養方式，覺得怎麼跟我們家完全不一樣。聽著老師怎麼樣讚美師母，欣賞自己的另一半，這也是在我的原生家庭中不曾看到的。當時覺得好羨慕好憧憬，恆嘉老師讓我看見人生不一樣的可能。不然，以一個高中生來說，身邊的參考對象真的太少了。就像是柏拉圖的洞穴理論一樣，我在洞穴裡面，我不知道外面的世界有多大。

當年高中的我，現在已經是三個孩子的母親。當年老師口中的三個稚子，現在也都已經長大。讀著恆嘉老師的著作，像是幫我拼湊了這二十年來錯過的時光。

身為三個孩子的母親，為了孩子的成長，我開始閱讀教養的書籍。大部分的書籍都是作者就孩子當下的階段，去描述這個階段的教養經驗。大部分的書聚焦在國中高中，大學階段好像就不在父母的教養範圍。這本書中老師交錯著回顧從孩子還是孩提時期，直到現在已經在讀研究所甚至進入職場，這二十幾年來的教養歷程。

除了自己的孩子之外，還有許多輔導大學生的經驗。讀著這本書，才發現老師的三個孩子非常不一樣，不是走在平均值，而是走在極端值，想必這樣的教養非常不容易。我無法想像，如果我的孩子是個學霸資優生，她告訴我找不到讀書的意義和目的，想要休學，我該怎麼回應她。我無法想像，如果是我的孩子離家出走，徹夜未歸，最後被在別的縣市的警察局通知領回的時候，我到底該跟孩子說些什麼。如果你也不知道該怎麼做，沒關係，我們可以看看過來人恆嘉老師怎麼做。

或許你覺得這是家庭教養風格不同，無法一體適用每個家庭、每個孩子。但在這本書當中我看見的不僅是個案的處遇，而是引用相當多的研究，和許多的教養書籍，有相當扎實的理論基礎。一邊閱讀著恆嘉老師的故事，一邊看著老師將心目中的理論架構一步步建構起來。

在陪伴孩子成長的過程當中，我們要處理的不是眼前一個又一個的問題，而是先讓孩子找到自己的願景（vision），自我察覺後發現自我能力和願景之間的落差，該採取什麼樣的策略（strategy）去減少差距，當中有哪些方法（approach）可以解決，最後採取實際的行動（implementation）。

ＶＳＡＩ是一個動態的過程，從一個漏斗形成一個螺旋。父母應該用ＶＳＡＩ的思維陪伴子女。肯定Ｖ，接納Ｓ，論理Ａ，堅持Ｉ（我知道你現在可能看不懂，但讀完這本書你就會懂了）。

整本書讀來非常過癮，故事穿插著理論，理論交織著故事，不經令人一下眉頭深鎖，一下又莞爾一笑。整本書首尾呼應，整個系統綱舉目張，重點是裡面充滿了愛和溫暖。回想起自己的成長過程，也對照現在對孩子的教養態度。在閱讀當中和自己對話，修補自己的過去，調整未來和孩子的相處策略。感謝恆嘉老師願意分享並且記錄下這二十幾年來的教養經歷，讓正在教養路上的我們，可以按圖索驥，看清楚孩子處在ＶＳＡＩ的哪個狀態，父母可以怎麼應對。我期許自己也可以和恆嘉老師一樣，當一個孩子信任的大人，在孩子需要的時候可以提供陪伴和幫助，成為支持孩子成長的後盾。

這本書也推薦給你，教養的路上，我們一起學習，一起成長。

（本文作者為館長小編的圖書館日常版主。）

【推薦序】

讓孩子找到自己

謝智謀

閱讀完恆嘉老師的新書，看到父母教育的力量，是來自於願意傾聽對話、同理也願意自我調整與改變。因此子女在歷程中，覺察了自我，看到了存在，發現了意義，並找到更大的動力往前行。

從生活中一些的對話，父母看到孩子更多隱藏在內心的想法與情緒，恆嘉老師不僅僅只看到事情的表面或是結果，更看到孩子在思考世界、思考他人與自己中許多的掙扎、矛盾與波動；他不是只是給答案，教方法，更多是透過引導，藉由深度的同理，彼此更多的釐清與溝通，讓他們找到更多的可能，或更多有價值的方向，繼續往前行。

本書從子女舒適區的拓展，面對他們需要承擔的責任、能力、自由與信任，建構出孩子不斷尋求突破與多元開展的可能；強化子女最深的內在動機、溝通與應變能力，建構出孩子更高的自我效能，並累積子女看得見的具體的實踐成就。而從更深度的創意、思辨、實踐與關係的建構，讓每個子女可以成為比較完整的人。如此看見生命的可能與多樣，面對複雜多元的信息變化，只有在信任與賦權中，才能成長出一個人本有的樣貌。恆嘉老師參與青（少）年工作近三十年，他看到許多不同樣貌的孩子，有些人因為家庭，有些人因為學校教育，有些人因為社會競爭主義下的期待，失去了一個人成為完整的我的機會。加上社會的匆忙，人際間的疏遠，人開始從分數、考試結果與外在成就定位自己存在的方式，殊不知，成為一個人，其實遠遠超過虛擬與分數的結果，因為更深層的自己，恆嘉老師給出了最好的畫面。而書上有許多的圖，是他從教育中探索發現而來，如果能深入理解，將是引導子女的最好說明。

期待這本書給每一位讀者，更寬廣且又清晰的思維，讓你對家庭教育，有更大的信心，更勇敢的突破。平安喜樂！

（本文為國立臺灣師範大學退休教授。）

【推薦序】

每片雪花，都是獨一無二的存在！

鄭錫懋

我是錫懋，江湖上最常被認識的身分是「英語自學者」，寫過兩本語言學習書。同為書寫者，深知書寫的過程，同時也是作者自身生命的整理、沉澱與迭代。有幸從初期就參與本書的書寫，這本書的完成，讓我間接參與了恆嘉哥的過去，對他的人有更深厚的信賴；遇見了恆嘉哥的現在，對他的家有更真實的喜愛；預見了恆嘉哥的未來，對他的願有更熱切的期待。

除了寫作者的身分，我幾乎所有的職業生涯都在當各種形式的老師或講師，在補教業、在產業界、在教會，教過形形色色的學生。和他們相遇時，我常常會想的問題是：「他們是怎麼長成如今這個樣子的？」（這是一個中性的問句）怎麼長得無比厲害？怎麼長成充滿阻礙？

過去的事，我沒有答案，我只能因才施教、隨機調整，陪伴他們的「現在」。恆嘉哥研發的這套VSAI分析，正是這樣一套好工具，可以幫助我更適切地了解學生現在的狀態，以及過去累積而成的慣用思維模式。有了這套分析工具，因材施教的理想馬上變得科學可行。

我的第三個身分是父親，我當過六年的全職爸爸，有幸陪伴兩個男孩成長。身為一個父親，在孩子各樣的「心靈成長痛」來臨時，與其江心補漏，我更想做到未雨綢繆。甚至，是能超前部署，做一個有智慧的父親，不成為孩子的天花板，而是成為孩子羽翼下的風，讓他們能展翅高飛，長成最佳版本的自己。這個最理想的狀態，在恆嘉哥的家裡，我看見了踐行的成果。不是學理上的推想，不是夢想中的可能，是肉眼可見的成果！

恆嘉哥的三個孩子，長成了各自精彩、完全不同的三個模樣！他們的不同，我有第一手的參與和觀察。

大姐聰穎早慧，對萬事萬物充滿好奇，求知欲旺盛。在高中時，因為看見同學們被書本淹沒，拚命追趕課業進度，為了考試成績而努力，好像很少人有餘裕和熱情來求知。這樣的成績軍備競賽讓她對「讀書考試」失去胃口，在高二時決定按下暫停鍵，用另一種方式體驗與認識這個世界。如果你的孩子就讀競爭激烈的明星高中，成績也一直很有競爭力，有天突然跟你說：「她想休學，去體驗人生。」你會怎麼回答她？大概會盡力地勸她：「不要想太多，先把課業顧好，一切等大學聯考完再說。」恆嘉哥卻帥氣地說：「那你就停下來先不要讀。我是你爸，我說可以就可以！」然後姐姐就到蘭嶼打工換宿，在海風與浪湧間，一待半年。姐姐回到台灣繼續學業後，高三結束，在學測時硬是考了個「滿級分」。滿級分的困擾是：學校、科系選項太多了。姐姐在思索未來之際，恆嘉哥夫妻請我到家裡一敘，透過多一個人的視角，一起來客觀思考未來的選擇。

和大兒子麻吉的相遇，則是在教會的夏令營裡。當年我是受邀的講者，在演講的舉例說明中，談到了侯孝賢導演、吳念真導演，還有經典電影《無言的山丘》。在結束分享後，那時才國中的麻吉竟然上前來跟我聊天。我不敢相信一個國中孩子，不只看過這部電影，而且還能表達自己的觀點。麻吉對藝術的領略能力之高，完全海放同齡人三條街。我問他，怎麼有機會看過這部電影？他說是爸爸帶他看的，家裡珍藏了許多經典的電影DVD，他們常常會一起討論觀影心得。那是我第一次知道恆嘉哥的存在，當年我雖還未成為父親，就馬上立志要成為和他一樣酷的爸爸。麻吉在傳統的升學路線之外另闢蹊徑，做過婚紗攝影助理、做過水電，從清粥小菜餐廳的打下手，燒肉店的熟食部，做到了連鎖飯店的助廚。朋友們對他的稱號是「打不死的小強」，好像放在哪裡都能生存下來。

和小兒子諾亞的相會則是在咖啡廳裡，他說要請我吃飯，有些事情想跟我談談。細問之下，原來是有些感情上的困惑想找人釐清一下。當時還是大學生的他堅持請我吃飯，因為覺得占用了我的時間，真是個貼心又有禮的孩子。相較於姐姐，諾亞屬於「大隻雞慢啼」。他在高中時期成績不算亮眼，但是在找到讀書方法後，讀書讀出滋味來。大學畢業後考取六所頂尖大學研究所，其中幾家甚至是榜首。三個孩子被允許按著各自的節奏，長成了三個截然不同的成人，這是恆嘉哥夫妻最讓我佩服的地方。

VSAI的模組，展開以後像極了一片片的雪花。每一片雪花，都是獨一無二的存在，每個孩子也應該是如此。在生成式AI蓬勃發展的今日，人們開始思考怎麼樣才能不被AI替代，怎麼教養下一代，才能夠vs AI？其實答案就在名字裡。透過VSAI系統的協助，幫助孩子長成獨立思考的成人，「在善意的前提下，自己能想得清楚，說得明白，靈活應對，動手做到」。這樣的人，不只無法取代，還能夠帶領下一個世代！善用VSAI，就能vs AI。

（本文作者為《英語自學王》系列作者。）

【導讀】

教養，是一趟生命的旅程

李貽峻

相信在你拿起這本書的時候，一定很渴望學習如何「教養孩子」，畢竟書名不就這麼說的嗎？但當你決定好好拜讀之前，我想先給你一劑預防針，這本書其實是在「教養父母」！若你渴望學習如何成為一個協助孩子成長與發展的父母，那容我為你稍微導覽一下這本書。在此之前，我想先說兩個你可能會覺得很扯的故事。

一位醫學系大一的同學，在學期末很苦惱地來找我。他七年前從高中畢業，但現在才剛讀大一，沒錯，他重考了七年！他說：「老師，我今年又去重考了，因為我現在讀的是公費醫學系，而我想要去考自費的。」在我還搞不清楚他這股毅力究竟從哪兒來的時候，「我考上了，但那是一所私立大學的自費醫學系。」二十五歲的他繼續逕自說著自己的苦惱：「那我究竟是要留在公費的國立大學醫學系，還是要去讀自費的私立大學醫學系？會不會轉過去結果發現私立學校比較不好？但我如果現在不轉，將來會不會後悔……」

一年前，他終於如願考上醫學系，今年又如願上了自費醫學系，但每一個「如願」之後原來又還有另一個願、另一種可能的更棒與更好。他驚覺怎麼長大之後，所擺在眼前的愈來愈不是從前習慣的「絕對」（一百分或第一名），而是充滿各種不確定，與從不同觀點就有不同看法的好多「可能」？

大一有很多苦惱，讀到大六苦惱並沒有變少。一位大六的同學對未來想選的臨床科別已心有所屬，但是他媽媽說不可以，因為那一科的薪水不高而且不像醫師；台北人的他畢業後並不想回家，我勸他留在南部工作，但他說：「我不敢想像如果我不搬回台北工作，我媽媽會怎麼樣！」最後勉為其難他申請了一所在新北市的大醫院工作，因為他說：「我媽媽不喜歡新北市，所以應該不會常來找我。」

你一定覺得這些故事很扯，認為自己絕不是這樣的父母，你的孩子也一定不會有這些經歷。他們的故事是極端了些，但你一定也與我有一樣的問題：他們究竟從父母那兒得到或學到了什麼，所以如今出現這些令人不可思議的決定與行動？

或許，這本書的第三章可以成為你下手的目標（而且會有一種書已經讀了一大段的成就感）。這一章乍看標題是在鼓勵老生常談的多元思考，但核心精神則在直視「非二元、非線性」，而且看見「螺旋發散、混沌未明」的人生真相。先別想你的孩子，請邊讀邊回看自己的成長，你會重拾自己成長過程中的歷歷在目，那些挫折經驗與曾經繳過的學費……你會希望孩子不要重蹈覆轍，但千萬要記住，與其為他們畫下多半無法實踐的二元人生發展路徑，父母存在最大的價值，是無論孩子闖進了什麼荒跡謬徑，都要讓他知道，他是被愛的。

這樣的視角，總結了恆嘉許多精采的親身故事與教養法則，也開始了四到七章的教養方法論。父母是願景的創造與共識者，而不是摧殘及扼殺者；是面對現實落差的接納者與安全感來源，而非恐嚇者及審判官；是邏輯與多元方法的點燃者，在面對問題時指出理性的方向，而非變成孩子更多的壓力源；更是行動的同行者與鼓勵者，重點不是出現你想要的結果，而是讓孩子（真正的生命行動者）經驗到行動的效能與產出的成果，這會是他們一生受用的養分。

如果你有教養的經驗，一定會察覺這一系列的過程，最大的挑戰與困難會是「何時放手？如何放手？」的確，在VSAI的成長模型中，父母只是教練而不是球員。放手是很大的學問，恆嘉並沒有在動態的發展歷程中畫下清楚的放手時間及方式，因為這本就是父母與孩子所共構的歷程。不過他在第八與第九章中，指出了重要的關鍵：你與孩子因為相愛，所以相知相守；也因為相知相守，所以可以放心放手。說得簡單，其實根本超級難！

那不妨以終為始吧！到底我們教養孩子的目的是什麼？除了天性所趨，最後恆嘉在第十章指出的目標，是讓孩子真正成為有力量可以獨立的人，不只是日常生活的獨立，而是可以頂天立地完完整整地好好活著。

完整，是這本書我最喜歡的一個概念，放在最後一章。記住，有完整的父母才會有完整的孩子，這本書在談教養孩子，但更希望的是我們可以有更多快樂而完整的父母。當有一天孩子大了，飛離了家，我們仍然能完完整整的，安度喜樂人生。

（本文作者為國立成功大學醫學系人文暨社會醫學科助理教授。）

前言

超前部署的教養心法

三分鐘的重要會議

二〇一五年，我拿到澳門大學的工作合約，準備離開台灣赴職。臨行前幾周，我和老婆阿妮召開家庭會議討論，想聽聽三個子女的看法。

我說：「爸爸拿到澳門大學的工作合約，再過幾個禮拜就要出發了。未來我們會相隔兩地，很難像之前那樣常聊天，也許幾個月才回來，久久才能見上一次面。我和媽媽都想聽聽你們的想法，有什麼掛心的儘量說！」環顧他們三人，我心想萬一他們反對，很難放棄合約不履職。無論是要安撫情緒或說服，恐怕要花些工夫。

話音剛落，老三諾亞立馬接話：「爸，我們親子關係很好，你就放心出去吧！」回覆得乾脆俐落、鏗鏘有力。轉頭看向老大家姊和老二麻吉，家姊維持慣常的冷靜，麻吉燦笑閃閃，同聲回答：「和弟弟的想法一樣啊！」

哇！這麼乾脆！雖然有點不被需要的失落感，我還是很開心：在國二、國三、高三子女的眼中，我們的親子關係是如此被肯定。這個重要的家庭會議，三分鐘結束。

二〇二〇年，新冠疫情爆發全球漫流，經年無法返台。二〇二一年，疫情尚未休止，終於安排到機會回台灣和家人們再聚。那天晚上，家姊大學放假回家，晚餐照例是聊不完。收拾好碗盤餐桌，重新回座續聊，她突然嘆了一口氣，說：「唉……爸爸，我們家好像烏托邦喔！跟朋友總是會聊到自己家裡的事，大家成長背景和家境都不一樣，但是不時會聽到他們和父母的衝突矛盾、意見不同、甚至是關起門來不說話不溝通。我回想了一下，這些事在我們家好像都沒有發生過欸？我覺得我們家真像是一個厚厚的同溫層。」

我心想：聽起來不錯！往好處看，這麼多年來我們應該有做對一些事：「那妳覺得我們家為什麼會這樣？」

「因為你和媽媽會認真聽我們說話，也會和我們一起思考、討論，一起往前走。」家姊說。

當時在澳門工作第六年，正是三姊弟轉換為獨立成人的時期。六年前有諾亞的肯定，六年後有家姊的讚美，我和阿妮陪伴他們三人直到成年，有種「教養大考驗過關」的感覺，真是令人歡快滿足。

陪伴高中生、大學生，造就教養心法

其實，能找到好方法善待自己的三個子女，是因為過去二十九年陪伴各色各樣的高中、大學生的經驗累積的結果。二十九年，是從一九九四年起算，到二〇二二年結束澳門大學工作為止。

我剛出社會時靠攝影維生，在攝影教室負責招生、教入門課程，也實戰接案拍攝。當時台北的中山女中校刊社和攝影社尋聘老師，便開始與高中生接觸。

我開著九人座帶女孩們在嘉義以北，上山下海外拍。暑訓寒訓晨起追日、探夜逐月、閱讀作品、反思探求自己和別人的思維。攝影不只是拍照，更是在觀察的過程中理解自己的心。在學業之外，學生開了視野，也找我談心：朋友、感情、父母家人、人生發展、生活意義與價值感等，讀書、考試、拿成績的事反而不太聊。

不久，學生展出近百張作品，北一女中和建國中學同好來中山，看到同齡人竟創作出這麼多令人感動的作品，於是兩校也開始找我去上些課。差不多同時期，我換跑道去基督教會擔任行政職。教會氣氛溫暖、空間設備好用，學生們喜歡去那邊上課、討論作品、聊天、吃飯、自習、約會。建中生偶爾還「請公假」來打屁聊天。幾年時間裡，白、綠、卡其色制服是教會裡常見走跳的顏色。

另外，教友來到教會，免不了要抒發、談心、祈禱。若牧師剛好不在，反正看我這行政人員也是善類，於是抓了我就什麼都談：感情、家庭、親子、夫妻、職場……無所不包，清楚看到家家那本難念的經。我常開玩笑說自己說不定哪天會像情報人員一樣被下毒手，因為知道太多祕密了。

後來工作變忙後跑不了太遠，只好辭掉中山、建中、北一女的教學，換到松山高中帶攝影，因為離教會更近，互動更方便。教會裡更多高中生、大學生穿梭了。

某日，有位學生下課過來，聊著說：「我覺得大學裡應該也要有像你這樣的老師。」剛好當時體制外大學[1]徵求攝影老師，於是我在舉薦名單中就應聘兼任了。那時起，高中、大學生的成長歷程同步進入我的視野。

後來，台北工作結束，舉家五口遷回鄉下與父母同住，換到東海大學任職。二〇〇八年，東海大學創立書院，我加入創院團隊，一同開啟台灣少見的「書院教育」模式。

天天和準大人同住

「書院」的英文residential college，直譯中文是「住宿學院」。簡單來說就是大學裡「加上生活學習功能的宿舍」。

書院的原型，大致來自兩方面：英國式的住宿學院，以及美國式的博雅文理學院（liberal arts college）。進入書院式大學的學生，都必須至少住校一年或是更久。華人地區除了澳門大學，香港中文大學、香港大學、新加坡國立大學、台灣多所大學，以及中國大陸上百所大學也都有住宿式書院。

從大學生活的歸屬感來說，台灣大學生的認同主要在系上，自我介紹時通常會說：我是法律系的、我是物理系的、我是外文系的。在書院制大學，學生的認同主要是書院，學生會說：我是曹光彪書院的、我是聯合書院的、我是三一書院的。專業學系只是上課的地方，下課後就回到書院來生活。而一般大學的社團、打工、興趣、吃飯交友、學系交流、創業發想……在書院裡都能滿足。所以，書院本身就創造了很多元的生活環境。

另外，書院和純粹的宿舍還有個不同：大學宿舍管理是由舍監、輔導員、行政或維修人員所組成，下班後只剩值班人員。書院除了管理行政維修人員，更會請有聲望的學者擔任院長、副院長，還要找碩、博士等級的老師，擔任書院導師（resident fellow）。他們都必須以書院為家，和學生幾乎是全時間一起生活、用餐、投入活動。

我是書院導師，因為經常在書院，學生很容易找到我。熟悉之後，學生常常直

1 當時名為關渡基督書院，現為台北基督學院。

接推門進我辦公室，在沙發上舒服自在坐下，天南地北開聊。從二〇〇八年到二〇二二年，我持續了十五年的書院生活，不會像一般教授下課走人，而是日常生活就與學生有緊密的關係。我要求學生叫我「恆嘉哥」而不是「老師」，就是刻意要拉近距離。

以前，教攝影和在教會與學生互動，是體制外的學習；但在書院教育中，這些互動就是體制裡很重要的部分。終究說來，日常就要進行引導、累積互信，與學生探究知識、討論生活。如何想像那些相處的畫面呢？可以說像是哈利波特（Harry Potter）當中的霍格華茲（Hogwarts）學院的生活。院長是鄧不利多，書院導師就是心懷好意的石內卜，與學生保持好的互動就是最大的法術。

與學生一起生活的視角

書院導師必須認識每位學生，常常接觸、談話。而且，學生在書院四年的負責導師都是同一位，所以我便有了獨特的位置，看到很多學生整個大學時期的成長發展。很幸運地，這樣近距離的生活、教學、合作、共事、領導、管理，天天與學生互動、對話、觀察，對學生長大的過程就有比較開廣的視角。

學生來找書院導師的理由五花八門，因此我的角色融合老師、家長、兄姊、朋友、專案主管，偶爾還要變身為上級領導、警察、律師、法官。有時學生想解決系上功課的問題，若剛好我有涉獵，也能提供一些幫助。例如：教育學、心理學、傳播學、管理學、社會學、宗教哲學、初等會計、攝影、基礎物理、質性研究方法、英文閱讀等。另外，從體制外到體制內，我接觸到學生的學業成績分布也很寬，澳門大學更是集學生差異之大成。因為有澳門政府大力支持，資源豐富，開放國際招生，以致境外申請進來的學生成績相當好。同時，公立大學也要對本地學生負責，但因為人口基數少，錄取成績差距也大。所以書院導師不但與超強學霸相熟，也得陪伴在成績裡溺水的學生艱苦奮鬥。

一起生活還能有完整的視角：我們能全面看到不同心理狀態、不同成就表現的學生（心理狀態和成就表現不畫等號）。我們會面對成就表現十足優秀的學生，也有動機普通、馬馬虎虎的學生，還要應對有明顯心理健康問題的學生。因此，書院導師的責任不只是幫助學生解決問題，更重要的是陪伴引導學生有力量往前走，目標是讓「準大人」們完整地成長發展，具備獨立的能力。

別人家的小孩，教我超前部署

華人父母常會講出「別人家的小孩都怎樣……」這句話，讓子女聽了就卯起來暴躁。我和阿妮不對三個子女講這句話，恰恰是因為看過很多別人家的小孩，而且還是差不多走完「叛逆期」的高中、大學生。看到他們，我們也不斷反思和子女的相處方式。也思索著：上帝把三個孩子託管在我們夫妻手中，等到他們長到高中、大學時，和父母還有好的關係嗎？他們的心靈強壯嗎？能夠有整合的思考能力嗎？有獨立的生活能力嗎？

我要謝謝好多學生願意跟我說成長故事，講出內心的話，而不只用外在表現面對我，讓我看到成長發展的心理結構模式。我常和阿妮分享討論學生的回饋，變成我們的經驗，超前部署用在我們的子女身上，免去了臨時找水救火的問題。

本書將分享這些經驗，用我們三個子女和學生的成長故事，把我看到的發展結構模式給讀者做為教養子女的參考。希望每個家長都能從中找到適合的方法，為子女搭建好順利長大成一個獨立大人的鷹架。

第 1 章

獨立的樣子

是準大人，不是小孩

大約十年前，又一屆書院新生報到，有位非常帥氣健美的男生錄取進來。在早先的公開面試時，他俊美臉龐加上長翹的睫毛，深黑眼瞳靈轉，立刻變為眾多學姊瘋狂竊語的話題人物。報到這天，學姊們輪番招呼帥學弟，他身著鮮亮度假風夏威夷衫，朱槿花紋恍若吸引粉蝶在雄蕊邊搧翅紛飛。我站在一旁見這畫面，笑怕她們快成了花癡。我正失笑，學生接待一位家長走過來，是帥哥的母親：「許老師，您好，我小孩錄取進了你們書院，實在很開心，以後要麻煩你們多多照顧。」

「有件很重要的事想拜託您，不知道方不方便？」母親說：「我這孩子早上很會賴床，常常起不來啊！學姊們說你很會照顧學生，想請你每天早上叫他起床。因為上了大學，我們不在身邊，鬧鐘又叫不醒他，想說一定要找人幫忙。」她非常慎重其事。

我一時愣住，首次遇到這種要求，不好拒絕，但也無法答應。於是我決定直球對決：「上了大學，學會自己起床很重要，我們會提醒他要做到。」

母親顯然不放心：「那他的室友到了嗎？我想認識一下，請他們幫忙。」

我在心底驚嘆她的堅持不懈，心想必須幫室友建防火牆：「室友看來還沒入住，就算到了也要有安頓的時間，現在還不適合談這件事。而且，書院裡室友通常是不同系，作息時間會不一樣。我會提醒他和室友討論看看可行性。」

開學後，仍會接到帥哥媽關心小孩的電話。後來，他還真的需要被照顧，不僅生活能力不足，課業表現也在及格邊緣掙扎。同學常反應他說話不兌現，愛開空頭支票，家長的擔心果然持續發生。帥哥同學後來退出書院，因為無法同時應對書院生活和系上課業。

過去十幾年來，教育文章常討論過度照顧（overparenting）的問題，把家長形容為「直升機家長」「恐龍家長」。但我認為更根本的是，家長從心態上就把子女當成「小孩」，如果家長認為自己是在教養「孩子」，最終得到的結果就是個「孩子」。有鑑於此，我和阿妮會有系統地隨著子女成長發展，轉變心態視他們為大人。

因此，我和同仁討論書院事務時極少用「孩子」來稱呼學生，也常提醒同仁與學生談話別再叫他們「孩子、小孩、同學仔（粵語）」。**我們必須先認定談話的對象是成人，才會習慣用成人的視角與他們相處**。因此，本書也會用「子女」或「準大人」做為主要稱呼，除非事件主角真是個十二歲以下的「孩子」。

長大獨立的樣子

二〇〇七年，美國三個不同大學的六位學者探討了認定為成年人的標準[1]，照重要性排下來的標準是：

1. 能承擔自己行為的後果與責任。
2. 和家長建立平等的成人關係。
3. 經濟自立不依賴家長。
4. 建立獨立的信念與價值觀，不被他人影響。

經驗上我認同這個研究結論，現在看來這些標準仍然適用。

在書院工作，可以看到很獨立的學生，他們的樣子有學業成績好的，也有徘徊在及格邊緣的；有積極投入活動的，也有喜歡獨自一人好好過日子的；個性有勇敢的、活潑的、安靜的、謹慎的、溫和的各色人物。長期觀察他們的行為，也歸納出一些共同的特質，能肯定這是個獨立的成人，我把它濃縮成一句話：**在善意前提下，自己能想得清楚，說得明白，靈活應對，動手做到。**

這些學生常給我很真誠、很內外一致的感覺。教養自己的子女，我們也以它做為努力的基本原則。

善意

善意是最重要的前提，它和善良的品格息息相關。建立子女的善意，也需要我

1 《家庭心理學期刊》（*Journal of Family Psychology*），「想要我把你當大人？先讓自己像大人。」（If You Want Me To Treat You Like An Adult, Start Acting Like One）。研究探討準大人和他們的父母所認定的成年人標準。當中調查了三百九十二個十八至二十五歲之間的未婚年輕人，還有五百九十位家長。

和阿妮帶頭用善意對待他們。子女從小做任何事情，我們不預設他們是居心叵測、說謊惡搞的壞小孩。他們會有某種行為，只是某種需求要被滿足，需求滿足了，行為就會回到可預測的狀態。

常有學生和家長挑戰這個觀點，說我這樣會被騙。我的回應是：銀行員工如何辨識假鈔？是告訴他們各種假鈔的樣子嗎？不行！假鈔太多種，最有效的方式是：一直摸真鈔，習慣摸真鈔。無論任何假鈔到了行員手上，他一摸不對勁就立刻知道。

長期而真誠的善意，才有能力辨識出惡意。當然，當子女有惡意時，我們也會不假辭色責備，他們也不喜歡我們的善意消失，因為會讓自己日子不好過。

想得清楚

自己能想得清楚，就是有能力知道心裡在意的目標是什麼。知道自己要什麼，才會有內在動力往前進。當代教養的核心困擾之一就是子女沒有動力，不推不動，推了也很難動，累壞家長、逼爆子女。陪伴學生的過程中，已有難以計數的學生告訴我：「恆嘉哥，我不知道自己想要什麼，我好缺乏動力。」而且，說來令人驚訝，其中有不少人其實成績滿好的。

說得明白

說得明白，就是有足夠的表達力，講清楚目標，並能明白現實和目標之間的落差，知道要解決什麼問題，說服別人認同他的判斷。廣義來說，表達不僅僅是口語上的，還包含情緒、眼神、表情、肢體動作、文字撰寫、媒體設計……等不一而足。而這些外顯的表達，它的基礎是建立在感受、覺察、反思……這類內省的心智活動之上。缺乏內省，表達出來的東西會顯得深度不足，也不容易擴張自己思考的範圍。

靈活應對

靈活應對，在於有足夠的方法和工具可以用來解決問題，達成目標。現代文明的發展，是在不斷解決問題的過程中建立的。為了解決問題，許多的方法、工具被開發出來。能夠正確地辨識出問題，才能找到正確的途徑與工具來應對；手上的工具、方法多，就能靈活處置。而工具和方法是靠有條理的邏輯關係和知識創造出來的，要能靈活應對也意味著必須好好學習知識。學校裡教的知識，就是為自己有能力使用工具、方法做準備的。

動手做到

動手做到，是透過實際行動，把自己心裡的想法具體做出來。從想法、表達、找方法直到動手做出來，也是把抽象期待，目標化為具體成果的過程。而且必須是自己動手而來的成果，才會建立自己的成就感和自信；若是依賴別人完成事情，不但無法建立成就感，反而會削弱自信，更無法有能力獨立。當子女有能力時，才能挑戰更大規模、與他人合作的具體行動。

當然，以上歸納出來的性質有更多細節可以討論，因為子女的成長過程很複雜，成長這件事有很多面向，甚至是立體又有很多層次的。家長對於子女發展的認識，不應只留在扁平化的樣子：成績顧好、進好大學、未來畢業有好工作、養活自己，最好還能賺大錢、功成名就。成長發展類似胚胎的發育，是細緻分化的複雜過程，從粗糙到有細節，從淺薄到有厚度，從模糊不清到條理分明，從依賴母體到自主獨立。

叛逆期？是獨立轉換期！

談到「獨立」，也不免要談到「叛逆」，因為它們只有一線之隔。多年來我一直不認同用「叛逆期」形容國、高中生。嚴格說來「叛逆期」一詞汙名化了這個發展階段，否定了它的價值。每個人長大都必須經過這個階段，因為它有個重大功能：**開始全面啟動子女獨立的能力**。它更適合被定義為「獨立轉換期」（簡稱「轉換期」）。而且，獨立是從小到大逐漸發生的，家長可以回想自己的孩子在幼兒到小學期間，總會前一秒像小霸王，後一秒又變成可愛天使？那時候就是小規模的獨立嘗試。只是到了青少年期全面集中一起發生，所以變成大爆發。

青少年的「叛逆」來自於「家長本位主義」的視角。因為到了轉換期會開始注意自己內心的想法，對家長畫出界線，拒絕遵從大人的命令。或者是靜默不語，停止溝通，對大人冷漠相待。再不然是陽奉陰違，說一套、做一套。從大人的視角來看，就是在挑戰長輩權威、不聽話、難以捉摸、無法掌控。和兒童時期的順從對照起來，果真就是叛逆無誤。

同時，用「叛逆」形容，也反應出家長對子女不受控制的無助與焦慮。從我早期帶攝影社的年代，因為學生常跟家長談到我，他們便主動找我了解子女的狀況。在教會和書院的工作與家長接觸更頻繁，互動多了也和家長變成無話不談的朋友。家長對我卸下心防，談到他們的怒氣、不知所措、對自己的失望、怕子女討厭他們、怕自己形象破滅等，他們的焦慮和淚水一覽無遺，也真實反映了他們的無力感。

長期位在學生和家長中間做為溝通橋梁，能看到兩邊在發生什麼事。而且，除了有問題待解的家庭，我也看到不少與子女關係很好的家長，懂得如何彼此相處。同樣的親子問題，有的家長失能暴怒，但有的卻可以易如反掌應對。當時也隱隱看見，會處理的家長，方法百百種，卻有共通的奧妙之處；不會處理的家長，總是在犯類似的錯誤、踩同樣的地雷。

在這些正負面的例子中，對照著發展心理學的理論，我可以不斷進行比較、推論和歸納。我也看到用「叛逆」負面形容這個發展階段，很能說明家長、子女雙方都不擅長處理這時期的問題。家長，也曾經度過這段日子，但現在卻忘記自己長大的過程，只看到子女的不成熟。子女，是這輩子第一次遭遇成長的獨立議題，根本是身在迷霧中，而忘了在霧中怎樣行走的大人，也不知道怎麼帶子女走出來。總而言之：**子女，不知道自己到底想怎樣；家長，不記得自己當年想怎樣，也不知道子女現在到底想怎樣**。

然而，即使彼此不知道對方想怎樣，我很確定一件重要的事：子女和家長，都很在意彼此！我聽過學生告訴我有多氣他的父母，父母說真是後悔生了這孩子。但在眼淚流過、怒氣宣洩過後，最終總說：「許老師，是不是我們不懂當父母，所以我孩子才會這樣？但我好希望他理解我們的付出。」「恆嘉哥，是不是因為我真的太差了，所以我爸媽才會這樣？我好在乎他們怎麼看我！」

他們真的很在意彼此，只是需要找到好好相處的方法。懂得相處了，就不再是

「叛逆」，而是能被支持著學會「獨立」。

「成長發展」與「成就表現」

台灣是個重視子女教養的地方，育兒教養書籍、主題雜誌暢銷，網路教養文章經常被傳閱。而社交媒體裡的家長互助社群、網紅父母粉專的討論，也是常年火熱不退燒。

其中有個明顯的趨勢：以孩子成長發展為主題的教養書籍，主要集中在幼兒期和學前階段，小學時期的還不少。但隨著子女年齡階段的發展，國中以上的教養主題的書籍開始變少。面對國、高中這個年齡階段的有關書籍，熱賣的多數是為了對付考試升學的工具書，以及滿足《十二年國民基本教育課程綱要》（一〇八課綱）所要求各種素養的知識類圖書。但如何與國、高中和大學生階段的子女溝通、互動的書籍呢？當然有，但相較於國小之前的教養書卻變得珍稀。

這個趨勢直接反應出：與其說家長會在意孩子這個「人」的「成長發展」，不如說，他們更在意子女的「成就表現」。子女愈長大，這個趨勢更加明顯。特別是國中之後課業變難、壓力變大。看看家長會願意投入時間金錢到哪裡？學科補習班、藝能才藝班、語言學習班、科目加強班、參考書、考試題庫、志工集點活動等，都是用來提高「成就表現」的內容。

同一時間，子女的成長發展仍在進行，他們的心思想法、情緒表達、關注事物、日常行動也在轉變，國、高中時期進展到最劇烈的程度，一直持續到大學。「成就表現」和「成長發展」雙重的挑戰在發生，家長應接不暇要同時兩邊接招。忙不過來時，家長通常選擇優先處理「成就表現」，把相對隱晦困難的「成長發展」放在其次了。

家長不由自主特別重視外在的「成就表現」，雖然知道「成長發展」重要，但因為不緊急就常被忽略。家長也容易停在子女仍是「孩子」的認知，既然是孩子，就不懂事、不獨立、需要被「照顧」。家長把子女的長大與「成就表現」簡單畫上等號，日常對話諸如：「作業寫了沒？」「考試成績怎麼樣？進步了幾分？」「別人家的誰誰誰又得了什麼什麼獎？」等，就反應了這種心態。而同時間卻又過度照顧，只要子女「好好讀書考試拿成績」，生活上的事不用管，都會安排好。

經常有朋友、家長跟我抱怨「孩子變了，他和以前不一樣了」。是的，孩子正在變得不一樣，因為「成長發展」也意味著改變（如果還是一樣不變，才更要擔心吧！）。因此，家長也要改變，認知到自己的優先工作是注意子女的「成長發展」，找到系統性的方法來陪伴他們發展為「成人」。一些能見度高的教育心理學家，例如杜威（John Dewey）、蒙特梭利（Maria Montessori）、薩提爾（Virginia Satir）、阿德勒（Alfred Adler）等人，他們提出的理論中可以歸結出「心智的成長發展」是長大的核心要件。因此，家長要優先重視子女的「成長發展」，順序對了，他們的「成就表現」也會順水推舟跟上來。簡潔地說：「成長發展」是家長的教養責任，「成就表現」是學校的教學責任，雙方要尊重各自的角色，彼此合作，一起引導子女長大成人。

教＝教學，育＝教養

面對「成長發展」和「成就表現」的心態，也反映家長如何定義教育議題。我認為應該把「教育」分為**「教學」（teaching and learning）與「教養」（parenting）兩部分。「教養」的焦點在於照顧子女的「成長發展」，而子女們是從學校的「教學」中取得「成就表現」。家長承擔的是「教養」的責任，而「教學」則是屬於學校的專業。**

台灣社會從一九九四年四一〇教育改革大遊行之後，近三十年來的改革從教改萬言書、九年一貫、多元入學、推動十二年國教、一〇八課綱……種種的政策措施從未停歇，但民間還是反應壓力不減反增，家長出現更多焦慮。我認為核心問題是家長把「教養」和「教學」混為一談。這兩個主題一向並行，但卻屬於不同範疇。觀察二〇〇九年十二年國教大遊行提出的訴求：免試、優質、快樂、競爭力。免試和競爭力可以算上是教學的範疇，優質和快樂的內容則是教養的範疇。因為教育制度從來都是為了「教學」和「升學」[2]而設計，但子女的優質又快樂的身心靈卻是

「教養」的責任。教改長期以為調整入學制度即可帶來全面的改變，但卻也把教養的責任變相推給了學校和老師，結果教養和教學卻兩頭不討好，家長就更焦慮和傷腦筋了。這些觀察，使我和阿妮決定完整扛起「教養」責任，當然也努力與老師的「教學」責任合作。

家姊小學入學前，我們舉家遷回鄉下，並在忙碌搬家之後進行環半島七天遊。因為暑假適合親子遊的地點總是人山人海，而且民宿旅館價格居高不下難以負擔，因此，我們決定在收假前才啟動家庭旅遊。海灘水邊，鐵道車站，民宿旅店，特色食物，遊樂園區，中橫峽谷，合歡高點……，處處幾乎只有我們一家人自在走跳。

開學第一天，家姊班導師打電話問我們為什麼沒送小孩去上學。如果超過時限，會違反教育法令遭罰。我們謝謝老師的提醒，也表明知道相關法令，一定會在請假時限前讓孩子回到學校。這回應讓老師很無奈。

電話結束，我們刻意讓孩子們知道，快樂的事值得家人一起做，即使主流意見未必認同，妥善安排後仍可以進行。這次旅遊的回憶，到現在還留在家姊心裡。

後來家姊、麻吉、諾亞在就讀小學時，我們除了常與老師溝通，也擔任晨光家長，給同學講故事，這些合作關係也讓導師省心省事。雖然現今家長對這習以為常，但我們卻是當年鄉下少見和老師密切互動的家長。班級人數多，導師很難顧及所有同學，理解導師的需求、取得彼此的信任，才能讓孩子的獨特性得到支持。

麻吉到了高年級愛上爬杆。高聳天際的杆架，必須手腳身體並用，才能沿杆上爬，爆汗攻頂。位居高處的視野，俯瞰同學四處遊走，偶有投來仰望的眼神，很能吸引男孩挑戰自我。

然而有天班導師來電，主訴麻吉爬杆到頂後，還會攀上杆頂的橫梁坐定許久，遠望沉思，卻讓路過的老師們拚命冒冷汗。

「許媽、許爸，可以請你兒子別再這樣爬了嗎？」導師說。

「他這樣坐橫梁有多久了？」

2 這裡所指的「升學」，不只是考試入學的制度，而是升到更高階段的知識學習。前一個階段的學習，是為下個階段的學習做準備。有了前面的基礎，才能「升」到後面繼續「學」。

「大概有兩周了，幾乎每天都上去。」導師說。

「兩周來都每天上去？」我說：「那有發生過危險或快摔下來的狀況嗎？」

「沒有，目前都沒有。但看起來很可怕。」老師說。

「好，那聽起來是有經驗的熟手了。」我接著說：「麻煩老師讓他爬吧。我相信麻吉不會摔下來，學校可以免責。」

「如果其他學生也有樣學樣，怎麼辦？」老師擔心。

「請學生帶話給家長，讓家長親自跟老師說他們同意學生這樣做，他才可以爬。」我說了，但我也感覺得到老師的壓力與無奈。

當晚，我們就和麻吉聊了他爬杆的原因。也跟他談了老師的擔心，讓他知道我們跟老師說了什麼，但不禁止他繼續爬。沒多久，他就不再給老師添驚嚇了。家長必須與老師們建立合作與信任關係，再來挑戰主流的常規思考，為自己教養方式付諸行動，開拓出自己獨特的空間。

家姊有資優傾向，小學五年級後上課常覺得無趣，做自己喜歡的事，但這些不專心的舉動影響到同學，也帶來上課老師的困擾。溝通後，老師准許她在上課時閱讀與課程相關的書籍；數學課看數學書，自然課看物理化學書，語文課看文學作品。迄今我們都感謝老師們的寬容大度，讓她有很大的發展空間。

我們讓三個孩子知道一定會支持相挺他們的做法，若和別人不同也不必害怕。相對的，也要與老師耐心溝通，也讓孩子了解自己所處的局勢，還有大人的擔心，使孩子不會變得以自我為中心。

當我們把「教」「育」都與「成就表現」的教學系統畫等號，就會忽略應對準大人心智的「成長發展」，會變成「避免問題導向」（trouble-avoided based）[3]的教養。我們要把「教養」的責任，轉變為「目標導向」（purpose-driven based）式的教養：利用發展心理學整理出來的特徵，知道子女當下的成長狀態，有系統、有能力超前部署，應對子女成長發展的需要。

3 是指總是禁止子女從事某些行為來避免問題發生。但因為一律禁止卻沒有討論如何應對，沒有應對過就學不到，等到子女出問題，又臨時想辦法處理衝突、應對情緒，結果變成常常要想辦法滅火。

接下來，在目標導向的教養觀當中，我們一起探索陪伴子女度過獨立轉換期的過程。也期待家長們承擔起教養的責任分工，才能明確地與教學體制合作，共同引導自己的子女獨立長大。

本章重點

- 獨立的樣子：在善意前提下，自己能想得清楚、說得明白、靈活應對、動手做到。
- 別再說青少年是處在「叛逆期」了，是「獨立轉換期」。
- 子女和家長的心底深處，都是在意彼此的！
- 「成長發展」是家長的教養責任，「成就表現」是學校的教學責任。雙方要尊重各自的角色，彼此合作，一起引導子女長大成人。

學習與反思

- 用「叛逆」來形容子女的青春期，也是家長不得已的感受。請家長回想一下，當年自己有哪些被長輩認為是叛逆的事？你現在怎麼看那些事？想好後，也可以坐下來和孩子聊聊當時的心境。
- 請回顧看看自己，是否都能做到獨立的樣子？難以做到完全獨立的部分有哪些，為什麼呢？能做到的部分有哪些，又是為什麼呢？
- 請家長回想一下，自己年輕時和父母發生過的衝突，當中你和父母在意各是什麼？衝突後來解決了嗎？怎樣解決的呢？如果還沒有解決，又是為什麼呢？
- 家長面對子女的「成長發展」以及學校「成就表現」的教學責任，會有什麼困難？這些困難，和學校可以怎樣合作解決？

第 2 章

漸進式的放手原則

放手馬上就獨立？

有些學生總會和我變成長年好友，常常聚餐回顧往事，也談談生涯變化、生活體悟。那天是剛大學畢業的宥玲、小悠、批姊和若晴四人。餐廳裡，女孩們如同以往與我無所不談。除了若晴，其他三人都談了自己的近況：在台深造、出國留學、投入職場、感情交友、家人狀況。安靜聆聽的若晴每次都習慣最後說話，她常有深入又條理分明的總結，總會讓人期待她的洞見。

不料，若晴竟眼淚撲簌而下。大家驚訝卻也貼心等候，近坐的同學輕撫她的肩背。面紙淚濕連張之後，她說：「好羨慕妳們可以這樣，想做什麼就做什麼。我畢業到現在三個多月，卻連去找工作的能力都沒有！天天還要被爸媽罵：『養妳這麼大，怎麼連個工作都找不到！』」她擦了擦眼角的淚，繼續說：「然後繼續再罵，男朋友呢？到現在連個男朋友都沒有！」委屈的淚水再次滿溢而出。

若晴高中時成績不錯，大學也在台清交成政之列，主攻語文。當年在攝影社也是要角，話不多但很積極投入活動。她父母是典型的要她好好讀書，什麼事都別做的家長。高中時每天基本上都是三點一線：家裡、學校、補習班。攝影社是難得家長允許的喘息時間，剛好我又愛帶著她們到處跑，每次外拍都是她大獲解放的機會。上大學後，父母要她專心學業，別再心有旁騖，否則當年應該成績更好。所以，社團不准、打工不准、交男朋友不准、實習不准，變本加厲地要求讀書考試拿成績。若晴的笑容也愈來愈少，話少的她，聲音更小；本來就嬌小的她，更瘦了。

被父母責備的她反擊：「你們就嫌棄我吧！反正也是你們造成的！當初不讓我去打工，現在一畢業就要我有工作？我連工作在哪裡都不知道！就算知道，話都講不好，怎麼去面試？你們從小禁止我和男生往來，我連怎麼跟男生講話都不會，就要我畢業第二天就馬上變出男朋友，不會太過分嗎？」父母只能繼續暴怒，但也無法反駁。後來若晴去學烘焙，體驗到手做的快樂，但名校畢業的光環又讓父母阻止她去當糕點麵包師。折騰了幾年，終於覓得父母覺得體面的工作：某大銀行。上班了，但若晴不喜歡。

放手的界線

若晴的父母是極端過度照顧的典型，而家長的反應也讓我嗅到難以放手的焦慮。他們對子女能獨立自主有期待，更不希望子女賴在家裡躺平，期待某個分界時刻子女就有能力，可以放手。實際上，子女不會在大學、碩、博士班一畢業，就魔法降臨般瞬間取得獨立的能力。**家長要有何時放手的判斷能力，才不會一直放在手掌心，免得到了不得不的時候，又突然放手**。大人為難，子女也沒準備好。

有家長、學生、朋友聽到我們和三個子女的故事，不乏有人訝異地說：「哇，你都這樣放養小孩的嗎？」一開始還真被問倒。經過思考後我會回答：「放養是不負責任的行為。我是放手，不放養。」接下來的問題在於：幾歲的時候放手？放手的標準是什麼？放手的過程是怎樣？家長要怎樣準備放手的心態？如果孩子都不聽話，要怎樣放手？放手了如果出問題，怎麼辦？

放手不是個特定時刻，而是不斷發生的過程，從局部的放手，到大範圍的放手。把它畫出來像個漏斗，就叫它「漏斗原則」。

漏斗原則，包含四個彼此相關的教養條件：**生活能力、承擔責任、自由度、信**

任度。

生活能力、承擔責任分別是兩條實線，當子女的生活能力愈強，承擔責任的能力隨之變強，那麼家長對子女的信任和自由寬度變大，放手區也變大。反之，如果子女的能力還不足以承擔相應的責任，當然就只能給予較少的信任，自由度變窄，放手區也小。獨立，就是完全的自由和信任，這來自有足夠的責任承擔能力。

圖1的實線就是放手界線，兩線之間就是放手區，兩

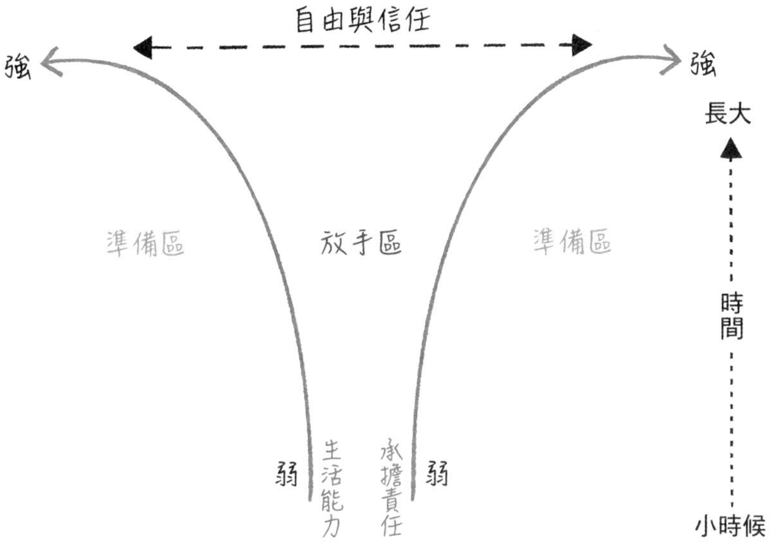

圖1　放手的漏斗原則

側線外是準備區。孩子在放手區內是有能力的，家長可以讓他獨立行動，給予完全的信任和自由，也讓他在這範圍承擔責任與後果。放手區之外是準備區，因為隨著子女的成長，總有一天會踩進去，與其把界線費勁守死，不如改變自己的心態準備讓子女探索那一區。隨著放手區變寬，總有一天會涵蓋子女自己全部的生活，也就是獨立之日，這是漸進的過程。

家長的焦慮，經常來自對孩子的能力沒把握，以致無法判斷放手的界線。然而孩子在橫衝直撞的活力中，萬一遇到無法承擔後果的事，責任就又回到家長身上，需要收拾的爛攤子更多了。尤其關係到孩子人身安全，總是家長無法不擔心的。

安全界線的設定

家姊兩歲愛跑愛跳時，有陣子非常喜歡鑰匙：把鑰匙插入鎖頭，門就開了。往汽車方向盤下方神祕位置插入一轉，車子也能發動、出門遊玩。這麼厲害的東西，根本就是妙法神器。她留意到這個異能現象後，就愛從我手上拿走鑰匙到處試，想讓自己拿著超能神鑰開啟新世界，而我也樂得放手讓小小神力女超人手握大串鑰匙到處玩。

大多數時候，我放手讓她拿著鑰匙到處試，慢慢發現鑰匙的奧祕何在。但有個危險位置：插座！家裡用防護蓋扣住，倒也沒有顧慮。

有天我帶著她去教會上班，她拿著那串鑰匙，在寬敞的交誼區到處奔走試門。我邊工作，邊看著她樂此不疲地試。當然，每個門她都打不開。

突然，我瞥見她往一處明顯沒門的方向衝去。瞬時我大驚：她要拿鑰匙去試插座！教會的插座都沒有保護蓋！雖然年紀小跑起來也不快，但她離插座近，我離她遠，這距離明顯我追不上去拉住她！看著她即將靠近插座……。

要放手給孩子探索，也必須留心安全問題。千百年來水火無情，電氣設備的危險性也不遑多讓。自己年幼時，當年的絕緣和漏電斷路防護都很原始，常一不小心就觸電，又痛又麻。觸電多了，反應變快，倒也平安活到今日，但總有人未必如此幸運。而今雖然安全保護裝置進步了，但仍難料何時會發生疏漏。觸電，是必須防範的幼兒安全問題之一。家姊學步成功，開始有自主行動力時，我們就決定要讓她知道電的危險。

我想到的工具是：電蚊拍！當年電蚊拍剛發明，擊蚊啪啪伴隨閃光，各家各戶真是愛不釋手。但初期的電蚊拍沒有防護設計，偶爾高壓電到自己，指尖的藍光也令人痛徹心腑。高壓刺痛，但不傷人，真能用來體驗電擊。

有天我準備好，把家姊貼在胸前、左臂緊抱，右手舉起剛買回來的電蚊拍朝她靠過去。我用好奇又新鮮的語氣，對著她說：「哇，妳看，這個！」說著，我按下鈕，充電燈亮起來。家姊伸起胖短可愛的手指，往電網觸上去。剎時間啪響而出，閃光立現。跟著彈回手指，迸發響亮的哭聲。

她哭聲不到兩秒，我也用自己的左指尖碰上去，啪地閃光！伴隨無比驚恐的表情，加上更加響亮的大叫：「啊！痛！電！危險！」

比孩子還誇張的反應，讓剛噴淚的她立刻噤聲瞪望也電到的我，認真複誦：「電！危險！」「對──危──險。」我用低沉的聲調拖長尾音，帶出恐怖感再強調了一次。

就在跑到將近插座時，我朝家姊大喊：「電！危險！」腳步剎那停住，轉頭回望我來，左手指著插座用可愛童音說：「電，危險！」

我點點頭，再說了一次：「插座，電，危險。」

她隨即撇下插座，四處張望，再去找其他門鎖試開。防止觸電的超前部署派上用場。

麻吉也從電蚊拍學到要當心觸電，只是他重覆摸了四次「電，危險！」才驗證通過。

我也帶諾亞從電蚊拍學會避免觸電，但他一下都沒碰，因為電蚊拍舉過去時，他發現老爸鬼鬼祟祟，一定有詐。總之，我也講了：「電，危險！」

更多時候，界線是在自然後果[1]中不知不覺建立的。家姊開始有能力奔跑時，總是樂此不疲，為了跑得安全又暢快，我和阿妮常特意帶著未滿兩歲的她，在大廣

1 阿德勒心理學談到「自然後果」，是在家長不干涉的情況下，行為本身所導致的自然結果，如：不吃飯會肚子餓、摔倒會痛、刀子割到會流血。

場盡情奔跑。我放開手、保持三步距離的快步跟著上。她跑了跑，偶爾回頭看看我在不在。看到了，有安全感就繼續跑。剛開始也會跌倒、撞人，但因為放開久了，就也跑得很好。

剛好那陣子朋友做教養研究[2]，拿我家做研究對象，有一段這樣的記錄：

恆嘉夫妻是我所認識，少數鼓勵孩子不斷嘗試的父母，他們的女兒常在教會裡沿著桌椅爬上爬下的。常有幾次，忽然間她「砰」地一聲從桌子最上端翻跳下去站著，我在心裡驚呼了一下，回頭看到恆嘉竟然完全沒有制止的意思，還很高興的說：「我女兒去健寶園，他們說她的發展超出同年的孩子很多哦！」我說：「你不怕她受傷嗎？」他說：「還好吧！從小我們就讓她這樣子玩。」隔了一陣子，他女兒果然從家裡的沙發上摔下來，頭部縫了好幾針，我原本以為，從此他女兒就沒有「具危險性的」遊戲好玩了。沒想到有一天我到他們家作客時，看見他女兒在高出她不止一個頭的沙發椅背上玩得不亦樂乎，不同的是，這次恆嘉站在她旁邊觀察她，並告訴她說：「妳要小心喔！不然妳就會像上次……（抱著女兒模擬從沙發椅背最上端摔下去的動作）記不記得？」她女兒點點頭，玩性絲毫不減。讓我很訝異的是，她女兒並沒有因為「一朝被蛇咬，十年怕草繩」，依然玩得很起勁，而恆嘉夫妻也沒有因此禁止他們的女兒繼續探索。

心理發展理論談到，獨立人格是從幼兒時期就持續在發展的事，小小孩「歡必霸」難以溝通也是獨立的典型展現。因此，建立好的界線管理，是引導小孩發展獨立能力的優先工作，先訂好界線，才能知道要培養的能力以及放手的範圍。人身安全的教養界線，就這樣點點滴滴累積起來。雖然有效的界線會帶來痛苦，但也會令人知道必須有所節制。因為我們是善意前提，加上詳盡說明，三個孩子願意服氣一起遵守界線。準大人，仍然要經歷這個過程。

2 《基督徒父母育兒觀之研究》，邱奕寬，國立臺灣師範大學，家政教育研究所，1999，碩士論文，未出版。

國一生自己可以走多遠？

如果家長和子女都知道界線在哪裡，就可以放手讓他們拓展能力。從學齡前到小學，我們都維持這個原則。隨著子女長大，也隨之提高挑戰的強度，順著轉換期的到來，愈來愈完整地準備和規畫教養的方式。

麻吉小學畢業的暑假，我思忖著上國中前要更獨立，於是有天跟他說：「從這周開始，你周末下午都必須離開家裡，出去走路。」

「那我要走去哪裡？」他問。

「都可以。反正你就是手機、水瓶和點心錢帶著，走到迷路，不知道自己在哪裡為止。然後打電話給我，讓我知道你迷路了。」我說。

那個周末，他就開始出去走路。幾小時後，他打電話回來：「爸爸，我迷路了，我搞不清楚我在哪裡。」

「好，那你看一下附近有什麼地標？路牌？門牌？講給我聽。」我說。

半晌，他說了：「我在漢口路三段，旁邊有一條河。旁邊有個小廟，對面有間

7-11。」好，我大概知道他的位置了。

「OK，那你可以走回來了，路上注意安全。」我說。

「啊？可是我不知道回去的路啊！」他驚訝地說。

「去得了，就回得來。路，長在嘴巴上。找個路人問就好了。」我說。

傍晚，他回到家，身上有風、塵、汗和太陽的味道。這路走得有辛苦。

接下來我和他在Google地圖上把走過的路全部看一次，用街景確認過程。也討論了附近的建物、地形、人文景觀。我問他喜歡這樣走嗎？他說OK。好一陣子都這樣走，我們叫它「迷路之旅」；後來覺得不夠酷，便改叫「城市遊俠」。

幾個月城市遊俠走下來，台中市東西南北、四面八方都幾乎走過，他對台中市漸漸熟悉。老區、新區、繁華、沒落、商區、住宅、這裡年輕人愛去、那裡婆婆媽媽逗留，都明白。

看來，走路不難，迷路也不再是挑戰。那麼，對於準備上國一的男生，地理空間的探索，可以有多大呢？有天我問麻吉：「你走了這麼多地方，要不要來個更大的挑戰？」

他認真等著接招，看我又有什麼新花樣？

「你走過的台中市，多是公車能到的地方。」我說：「去個搭公車也到不了新地方。你嘗試一下坐火車，走遠點去認識更陌生的地方吧！」

「喔！」他簡單回了我一聲，不置可否。

過了好幾天，我問他：「怎樣，去搭火車了沒？」

他遲疑沒回答，看來是沒有。也許這挑戰真有點大，我要想個辦法。

鐵道逃課記

一九八〇年代小學畢業，父母決定送我去市區讀私立中學。在靠海農村長大，當時的眼界看彰化市就是個大都會。突然躍入大世界，又獨自出門上學，啟動了自己探索更大空間的想望。然而，鹿港至彰化幾周通勤下來就熟了沿途的風景，發覺兩地距離也沒太遠。

某天，我發現學校有出席漏洞！私立中學暑期班是試讀制，如果不想繼續就直接不來上課，學校認定學生是回公立國中就學。同時，原學籍國中認為我讀私中，自然是不會出現。若兩邊都沒出現，雙方都理所當然認為我在另一邊。太好了！

於是我如常出門，按時搭上公車，到了私中那站，同學們急忙蜂擁下車。沒人注意到我在後排繼續坐往終點火車站。

拿出存下的壓歲錢，買了本火車時刻表認真研究，選了陌生的站名，買火車票進月台上車。算準來回時間在下午四點多回到彰化站，趕上放學時間的公車回鹿港，順便聽同學聊學校發生的事，回去還把學校的事說給父母聽。沒人發現有異樣。

那年暑假，去過追分、烏日、台中、三義、銅鑼、造橋、竹南、白沙屯、嘉義、新營、高雄。愈跑愈遠。造橋那次行到后里站，列車竟然故障久久不動。所幸換了機車頭，仍有驚無險趕在放學時段回到彰化。那次學到時程安排要預留緩衝量。當年讀私中很奢侈，而我的行為更奢侈。

因此在我看來，國中一年級就有能力探索上百公里的地理空間。

錢。」

城市遊俠與無臉男

我再把麻吉找來：「這個暑假，找個喜歡的遊樂園去玩吧，爸爸出全部的錢。」

他眼睛一亮，開始熱切跟我討論，最後敲定去雲林的遊樂園。他正開心時，我說：「不過，你必須自己規畫行程，想辦法去。沒有人帶路。」我補了一句：「這也算是城市遊俠的驗收！」歡樂神色下，他的表情輕輕凍結。

我說：「這樣好了，你就把我當成《神隱少女》裡的無臉男[3]，我都在，但不會出聲。除非有生命危險或是重大失誤，否則我不出手相救。」他憂慮消失，開始上網查資料，計畫行程，安排交通，弄清楚遊樂園設施。

最後決定搭公車去火車站，換火車到斗六，再搭接駁車去遊樂園。做完計畫，還打電話跟遊樂園確認交通安排沒問題。有一天，意外發現家附近的書局代售遊樂園的「切票」，很便宜，開開心心買了回來。

日期到了，無臉男跟著他一早出發。看他嗶卡，上公車，一段路下來感覺他欲言又止。我說：「你想跟我聊天對不對？」他笑笑點點頭，我也笑了：「好啦！放寬規則可以聊天，但我不透露行程的線索。」我們七嘴八舌地聊了起來，全程沒有跟我套話找線索，很不錯。直到臨近台中火車站，他停了話左顧右盼，看來是擔心過站。

下車後他走向自動售票機，研究了好一會兒，應該是不會用。轉身抬頭看時刻表，到售票窗口給錢拿票；不錯喲！有記住也要買無臉男的。到了剪票口，似乎不知道磁卡自動過閘要塞哪個孔，但他觀察一下別的旅客就立刻懂了。他過，無臉男跟著飄過。月台差點走錯，停在跨軌地下道，確認了一下顯示屏，走到正確的月台，剛好車來了便上車。繼續聊天，我仍不劇透。快到斗六站時，他又開始緊張，有認真在注意要下車。出了站找前往遊樂園的接駁車，稍稍繞一繞很快就找到，到遊樂園接待處準備候車。

服務人員檢查了他手上的票：「欸！你們這是切票，不能搭接駁車。」

3 編按：無臉男（カオナシ）是日本動畫電影《神隱少女》（千と千尋の神隠し）的角色之一，是一名全身黑色且戴著白色面具的鬼怪。

「蛤？」我們同時驚嘆。而且，接駁車不另外售票！

意料之外，麻吉開始著急。看他跺腳在生自己的氣，我拍拍他的肩膀說：「好，就是個狀況。情緒緩和一下，想想看怎麼辦，一定有方法。」他想起來可以搭客運，票價不貴。但車子剛開走，下一班得再等個把小時。他又跺腳，應該是心裡在罵自己：等這麼久，真是浪費時間。

有個人走過來：「叫客拼車你們要不要？一個人兩百就好。」兒子沒聽過「叫客拼車」，解釋一下就懂了，但是嫌太貴，公車五倍價格！又再跺腳。

我提醒他叫客的車可以談價錢。他還價用一百零五元成交。準備出發讓他心情很好。十分鐘過去車子絲毫不動，兒子焦躁直問是怎麼回事？我說司機在攬客，坐滿了才開車。我問他：「還沒給錢，也還沒開車，要不要下車等公車？」

他想了一下說：「公車慢，又會中間停站，這樣反而壓縮到遊園時間；小車快，不換了。」一心情沉著從容，不錯。話才講完，就上來四個人，車子出發。

到了遊樂園，他迫不及待要入園。我出聲提醒：「你知道回程客運的班次時間嗎？」一他馬上反應過來，先去確認回程的客運資訊，決定玩到最後一班車再回去。

他直奔自己愛好的區域，想玩幾次就玩幾次。中間回來吃吃喝喝，講講遊樂心得、排隊訣竅，再次飛奔而出。整個遊樂園至少玩過三回，他坐下來說：「爸爸，可以了，我玩夠了。可以回去了。」

「欸？最後一班車還早呢！」我說。

「沒關係，萬一末班車塞滿了上不去，那也很麻煩。」欸！有考慮周到。

我說：「累嗎？」

「這種玩法當然累！」對，獨立行動不容易。

「好，那回程我帶路，你好好休息吧。」我說。

上車坐好，我看到他嘴角微微上揚，睡著了。國中一年級的學生有能力自己規畫行程、付諸行動。

界線被挑戰怎麼辦？

有能力獨立，就有能力挑戰界線。挑戰界線也是讓家長頭疼的事，最常見的就

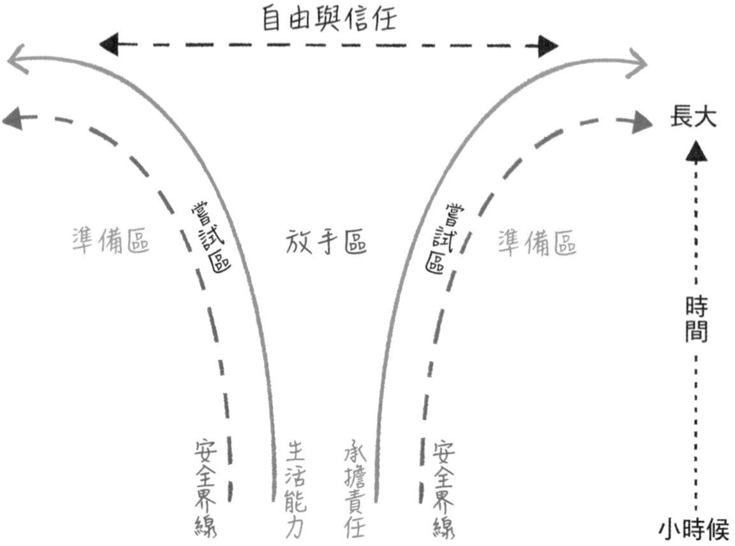

圖2　放手界線與嘗試區。

是「不聽話」，這怎麼辦呢？在善意的前提下，我認為「挑戰界線、不聽話」其實是準大人在嘗試拓展自己的能力空間，也就是圖2裡實線和虛線間的「嘗試區」。

在放手區裡，子女有能力承擔起相應的責任和後果，是感到輕鬆自在的舒適區。而嘗試區就是子女會承擔超出自己能力的後果，這個「吃苦」的後果並不愉快，但台灣人也常說「吃苦當做吃補」使人成長，不是嗎？

應對子女的嘗試，家長可以設定安全界線，做為子女進行嘗試的區間。安全界線的標準要看各家自己而定，沒有一定的答案。我和阿妮的安全界線很寬，「不可以造成生命危險，不可以讓別人對你的信任破產，不可以拒絕溝通」。**如果沒有超過安全界線，在嘗試區裡我會讓孩子試試看，即使自然後果會帶來痛苦，我也會堅持要走完**。

例如：我們抓住家姊第一次拒絕吃飯的機會，讓她體會到承擔後果的感受。

吃飯，是孩子必須做的事，因為進食不適當會妨礙生長。我們常見到父母求孩子吃飯，或是追著餵孩子。我們覺得這不合理，因此決定吃飯的三個界線：孩子不吃，是因為不餓。不餓，就不必勉強。餓了，好好坐下專心吃。用心準備的正餐，營養均衡又有愛心；正餐大過零食，吃了正餐，就可以吃零食。用心準備的正餐，需要時間精力；我們尊重孩子吃不吃的決定，但孩子也必須理解與尊重我們準備正餐的心力。

家姊三、四歲時，玩遊戲開始成為她的生活重心。玩遊戲是好事，但活潑好動的她漸漸玩到忘食。起初我們也提醒和要求，但愈來愈無心吃飯也是事實。某天午餐時間，她吃到厭倦，速度愈來愈慢。眼見大半碗食物還剩著，她說：「我不想吃了。」

阿妮和我立即答應她：「好，妳可以不吃。下一餐是短針到六，長針到十二的時候。在這之前，妳可以玩，可以喝水，但沒有吃完正餐就沒有零食。」女兒露出開心的神情答應了：這輩子首次可以拒絕吃飯，於是就去玩了。

下午兩點多，她放下玩具走到媽媽身邊喊餓，阿妮回答她：「妳已經答應不吃了。但可以喝水。」她喝了水，就回去繼續玩。

三點多，她又跑來說餓。阿妮溫柔回答：「我知道妳很餓，一定很難受，如果是我也會很難受。但妳有答應等到晚餐才吃飯。」又補充：「妳可以先去睡午覺，睡醒了短針會更靠近六。」她便去睡午覺了。

五點初，家姊醒了，自己跑去喝了水。邊玩著，不時跑去看時針走到哪裡。阿妮在準備晚餐，香氣四溢。她玩得很分心，眼光跟著鼻子飄去飄回。

六點一到，晚餐準時開動，家姊迫不及待上椅子開始謝飯祈禱。

「耶！太棒了，終於有晚餐了，妳一定好餓，我們快吃吧！」不必數落她中午不吃飯，也不說她餓了一下午是罪有應得。我們讓快樂的心情在飯桌上洋溢，她會記住食物的美好。那次之後，她總能好好把飯吃完，快快去玩。

界線不只是規範，也在培養能力

看完吃飯的故事，難免有人會認為是：讓她受苦，以後就不敢了。是的，挑戰界線會有自然後果，也會讓自己痛苦。但更重要的是：想讓自己開心去玩，做好準備就衝了。好好吃飯，就是在為接下來的遊戲時間做準備呢。所以，界線內不只是規範，而是未來要嘗試新事物、建立新能力的培養區。體驗教育界有句格言：「過度的安全讓靈性死亡，過度的不安全讓生命死亡。」是否過度，就在於界線的訂定；界線定下來後，就溫柔而堅定地執行。第七十八頁的圖2其實會隨著時間變動，嘗試區會在探索與能力培養中，漸漸變成為放手區，能力和責任也隨著往上變大。**培養子女獨立能力的過程，也是隨著能力增加而改變界線的過程**。

隨著三個子女成長，分散在日常生活中的故事，不容易一次看清漏斗的內容。

我在書院負責舉辦過多次「書院生活體驗營」，讓高中學生完整體驗自由、信任、能力、責任。這個過程，可以全面看見漏斗的複雜內容。

營隊的主題是「發現台灣好人物」，要求高中生去探訪不同的公眾人物。而且這些人物是抽籤決定，不確定性會給學生很大的驚奇。營隊沒有教官或值星官，而是總召和陪伴的大學生。規定只有三條：第一，總召舉手時就是有事宣布，看到的同學跟著舉手並安靜等候，全部人都舉手後總召才說話。第二，好好說出自己的想法，也尊重別人的想法。第三，對小組任務負責，合作說出那個公眾人物的好故事。另外，營隊前的通知特別註明：請帶能上網的3C設備過來，因為會用到。

各個分組的學生務必來自不同學校，因為彼此都不認識才能拓展人際關係。在暖身破冰、建立團隊認同後，就宣布要挑戰的重要任務：發現一個中台灣的好人物，並把他的故事講給別人聽，最後比賽誰的故事最精彩。

這個任務超出一般高中生的能力，好人物主角們散居在大台中六十公里的範圍，所以要安排很多訓練：探索企畫，紀實攝影，觀察與記錄，採訪寫作，表達與簡報。由學員們自己討論分配想去上的課，並在任務中承擔對應的責任。課後和其他組員談談自己學到的內容，以及後續的合作分工。隊輔是長年接受過書院教育的大學生，引導高中生們完成他們的任務。

接下來每一組推派代表抽籤，在緊張期待的氣氛中抽出次日要探索的任務。每個任務都像個謎題，例如：林依瑩為什麼要拍《不老騎士》紀錄片？屈慧麗怎樣發現台中的考古地點？Juanelva Rose為何願意為台灣音樂教育付出五十年？有個愛老婆的建築師，竟然為她蓋了間咖啡館，等等。

抽完題目，學員們表情參雜驚喜、期待與困惑：哇，《不老騎士》是院線電影欸！誰是林依瑩，是導演嗎？誰是屈慧麗？誰是Juanelva Rose？我們要怎樣連絡上這些人？見面地點在哪裡？交通路線怎麼安排？咖啡館座落在田中間，田埂路要怎樣找過去？訪問題目要怎樣設計才有重點？問到的東西能寫成文字報導嗎？文字內容要怎樣變成口頭簡報？接著，學員們用自帶的3C工具，在有限的條件中搜尋整理出任務的參考資料。

完成任務的方法，全部都由高中生們討論設計完成，行程也是自己安排決定。陪伴的大學生則必須忍住衝動，不可越俎代庖。

第二天清晨，學員陸續出發探索。有幾組規畫出的交通路線必須六點就出發，營隊要求吃過早餐才能出門，所以後勤組的大學生凌晨五點就開始準備早餐。探索任務時間全程至少七小時，黃昏前高中生們回來，疲憊卻滿足。稍微休息後就開心闊聲分享當天的見聞，熱鬧非常，沒有人被晾著。接下來是緊湊的統整過程，為第三天的故事發表做準備。一直到深夜，大家仍然非常投入，高中學員表示自己從未如此興奮沉迷於高強度的功課，而且覺得自己這組的故事一定最棒。

第三天早晨，雖然睡得少，但學員們仍興奮早起繼續排練上台報告。在總召要抽上台順序前，有一組同學舉手大聲吆喝：「我們不要抽籤，我們自願第一個上台！」因為他們想好好講完自己的故事，再來好好聽別組精彩的故事。營隊結束，學生們給了四顆星以上（滿分五）的評價。

營隊目標是增加學生的探索與行動能力，全面開啟感知和思考來學習。我們把放手的界線定下來，先在嘗試區讓大學生試過各種做法，萬一高中生們出問題，才有能力引導脫困。例如必須親自走訪任務地點，整理可能的交通路途，把安全界線先訂下來：他們發現某個路線群聚有攻擊性的流浪犬，還有些路線需要用到GPS

定位。

我們與三個子女的日常生活，就像是放大版的「書院生活體驗營」。有些界線會由我們先決定，在日常生活中放手培養他們的能力。隨著孩子成長，這些界線難免被挑戰，那就是調整界線的時候，我們會在對話中一起找出新界線，不斷陪伴他們養成獨立的能力。

本章重點

- 放手原則包含四個教養條件：生活能力、承擔責任、自由度、信任度。
- 界線大多從自然後果而來，差別只是後果出現的快慢。有能力承擔後果的範圍，就是放手的範圍。
- 國中一年級，就能開始逐漸驗收獨立能力了。
- 放手的界線不只是規範，而是未來要嘗試新事物、建立新能力的培養區。

學習與反思

- 想一想，在子女的學前、小學、國中、高中、大學的各個階段。他們的能力與責任各要做到什麼內容，才能贏得家長的信任和放手的自由呢？
- 我家的安全界線是「不能造成生命危險，不能信任破產，不能拒絕溝通」。你家的界線是什麼呢？
- 嘗試一下，讓小學高年級以上的子女，為自己或家人規畫一個完整的旅行或活動吧。
- 放手界線內是能力的準備區，和子女聊聊他們最想探索什麼吧？把自己的能力準備起來就出發了！

第 3 章

從二元思考到多元思考

賴皮怎麼辦？

家姊會走路後，有陣子很愛把掃帚當馬騎，我們也樂得讓她發揮想像力，騎上雄駿好馬，四處馳騁。我也常配合演出：懾於騎兵神威，潰散不敵，哀號奔逃，仆地求饒。

回到實際生活，掃帚是件好用的清潔工具。

有天我清潔地板，打算先掃過再好好跪地抹淨。動手掃不到一坪，家姊的眼神光芒乍閃，即刻跑來。她用僅有的語言能力急切地說：「馬，馬，馬！」看來是帥氣駿馬入了她的心。

我和顏悅色地說：「爸爸先掃好地，等等就給妳當馬騎。」

她看著我，臉上露出了不服的神色。繼續說：「要馬，要馬。」同時也把手伸過來抓住掃帚。

我轉為正色說：「爸爸說了，等一下掃完就給妳。」

她開始用全身力量扯住掃帚，蹲下使出蠻力，更大聲喊：「我要馬，我要馬！」我緊緊握住，不動如山。

此時，她往後一退，撒手放開掃帚，立刻全身仰倒在地，扯掃帚的力氣轉入丹田傾出哭喊：「馬！」

哇！這小孩在賴皮了。

賴皮是典型的二元論

家姊出生前，我和阿妮常注意到小小孩們耍賴，哭鬧拗著大人就要照他們的意思。不管是在公園、餐廳、商場甚或教會裡，總是引人側目，屢見不鮮。

這種場景，也常看到家長蹲下來試圖講理，但孩子賴著繼續哭，跟著家長變為束手無策，後續情勢急轉直下變為吼人或是無奈退讓。賴皮的場面，常是家長莫可奈何的挑戰。

大人因此陷入兩面困窘：如果要吼小孩，不但會影響旁人安寧，自己也會不好意思，同時還會擔心孩子的心裡需求不被滿足，小小心靈受到傷害；不吼又難以制止，而且要是屈從孩子心意，又擔心孩子日後重施故技、難以引導。為此，作為家長該如何是好？

觀察久了我們發現：賴皮，常出現在語言發展還不成熟的年紀。幼兒不知如何清楚表達自己的需要，於是只好哭喊耍賴，不達目的絕不休止。大人假如感受和想法難以溝通，最終也可能落入惡言相向、無聲冷戰，甚至是拳腳交加。難道這些行為最終就是要逼迫另一方屈服、順從我意，贏著全拿、輸者臣服嗎？

哎呀！這必須好好引導，否則賴皮會變為對別人的要脅和勒索造成雙方無法溝通的零和結局。這會造成暴力來源的極端二元論嗎？絕對不可以發生。

因此，自家姊出生以來，我們就準備好應對第一次的耍賴，不知何時、何地、何種場面，終究必須應對成功。望著在地上耍賴的家姊，我知道時候到了！

正當她激烈嚎哭、滿地打滾時，我抛擲手上的掃帚倒轉成掃毛在上、把手朝下，看準她的大腿靠臀的位置，閃拍下去。會痛，但不受傷。

沒料到爸爸出手快，她瞬時彈蹦而起，哭聲立停，雙嘴緊閉，嚴肅立正，眼神驚訝卻不慌亂地望著我，貌似說：「欸？這招沒用！」

我很快蹲下靠近她，下頷微傾、溫和入視她的眼睛，輕柔地說：「爸爸說了，等一下掃完就給妳，聽到了嗎？」她雙唇仍抿，但表情轉為認真，點了點頭，回到原處續玩本來的遊戲。從頭到尾半分鐘。

接著我繼續鉅細靡遺掃完地板，而且刻意在她面前揮來掃去，只是速度快轉兩倍，爆汗淋漓。一掃好，我速速舉起掃毛在我頭上搖曳飛舞，全力模仿馬嘶蹄響，踏漠鳴鼓，好似千軍萬馬奔騰而來，大喊：「馬來啦！」

她轉望過來，笑彎彎的眼神接過我雙手奉上的掃帚，馬上上馬，輕快騎騁而去。

又過了幾天，我覺得地板不太乾淨。看到家姊在騎馬，我說：「妳等等騎完了拿給我，我要掃地喔。」說完我拿了未讀完的書坐下繼續，想說還可以等上一陣子。

沉浸書中不知多久，她把掃帚拿來給我。眼神認真，無聲地表達：「爸爸，我騎好了，該你打掃了。」

心想：「這麼快！想有個藉口慢點做家事都不得。」我乖乖站接過掃帚開始打掃。她的賴皮，也僅此一次。

二元思考的困境

教育心理學的研究發現，成長的重要特徵是從只有是非、對錯的二分法思考方式，漸漸變成有能力進行多元思考。**多元思考是能看到自己的觀點並不絕對，別人也可能是對的，但仍然勇於為自己的想法負責**。因此，「長大」是從只用二分法思考，變成能看到事情原來有很多種面向。賴皮是：「馬上給我，其餘免談」一分為二，沒得商量，這是典型用二分法想事情的反應。

我在教養子女和陪伴學生的過程裡，特別注意到思維對個性與行為有決定性的影響，思考方式會決定一個人的樣子。教養書籍談到與子女溝通的方法百百種，是否有效也因人而異。在我看來，**教養方法是否有效，關鍵在理解子女的思考方式**。討論思考方式的學問，常在哲學與心理學之中出現。

基督教神學的起點，是創世紀裡上帝提醒亞當夏娃別吃的那顆「禁果」，原文是：分別善惡樹上的果子，也就是不要只把事情簡單粗暴地分類為善惡、好壞、對錯、有無、是否、黑白等兩個面向。哲學上稱它為二元論（dualism），就是泛指一分為二，兩邊對立的思考方式。「禁果」是要人類避免只用二元的方式思考。

而近代大腦科學的研究中也發現，神經元預設的基本運作模式也是零和一的二元形式。因此，大腦發展的過程也是無數二元的神經元，在條件刺激下連結成為多元的思維空間。從子女成長發展的過程來看，小孩到成人的世界觀，也是從只分黑白，變成能看到灰階層次。小孩總愛分誰是好人壞人，「誰是我這國，誰不是」「誰跟我好，誰跟我不好」等講話方式就是例證。

我們常覺得長不大的人很難溝通，原因常常是思維留在二元論，它的極端展現是互相排斥的零和遊戲，常會落入只能選邊站的結果：是與不是、可以與不可以。我對了、你就錯了。我好、就是你不好。那樣沒有用、這樣才有用。自己家的孩子都這樣、別人家的孩子才不會這樣……這些二元思考的講話方式，便讓不認同、排斥、無法溝通、暴力、霸凌……的事發生了。

賴皮耍潑，讓我們早早看到二分法的零和思維。換個方式講，容許孩子賴皮，會妨礙子女思考。因為小孩還不會從不同觀點來突破二元論思維。因此，我們及早開始解鎖女兒的二元思考。

二元思考的慣性

發展心理學談到人生不同發展階段的挑戰，其中包含了：對長輩的信任與不信任、自主獨立與害羞懷疑、自信主動與內疚無能、勤奮努力與自卑退縮、親密連結與內向孤獨。這些成長發展的挑戰是在兩個極端之間擺盪，也是用二元論互相對比的樣子出現，但二元向多元轉變的過程卻是必經的歷程。現實生活就是獨立轉換期子女還在成熟發展的過程，會用唱反調、頂嘴、為反對而反對……的方式和家長相處。面對這樣的過程，家長很累、很煩，但很真實。

實際生活中，孩子和父母討論的對話經常是：我想參加這個活動「好不好」或「可不可以」。這是二元論的典型問句，一聽之下好像是客氣的發語詞，但卻是一刀切開黑白兩邊，沒有中間模糊地帶。於是這種探問，對父母來說變成：假惺惺的，反正你就是想去！

二元思考的慣性，會讓家長覺得被迫二選一，因而進入「惡性」二分的循環：現在問「要不要」「可不可以」是怎樣？因為家長還搞不清楚狀況，所以總是認為先擋下來，討論之後再決定吧！於是家長也用慣性的二元論回說：「不要！」「不可以！」接著開始爆發衝突、爭吵，這真是家家熟悉的場景。

家長常對我說，其實也沒有真的要否定孩子的想法，只是生活經驗多，就會考慮許多事先的準備、安排時間、要解決的問題……等，很難立刻答應。沒看透二元論陷阱的家長，因為不能立刻答應，又怕給孩子不支持的感覺，因此他們不會立刻說出「不要、不好」，加上問題導向的思維，就用「萬一」來表達自己的擔心、憂慮、還沒準備好。這些二元論的慣性，讓雙方很難好好把想法說出來以充分討論，使得親子衝突反覆出現。

二元是起點與終點，多元是過程

二元論的思考不好嗎？其實，二元論是思考的預設值，是中性的，沒有對錯。

但二元論的存在，是為了事物最終必須有個結論，好不好、要不要、可以不可以、好或壞……都是最後必須決定的結果，但過程則要思考、討論、說明。二元必須存在，但不能是慣性或陷阱，家長自己要先避開，也要引導子女避開，換成用多元的方式來討論。**不把二元論當成討論的前提，否則會成為零和的牌局，進而演變為雙方情緒、言語甚或行為的暴力**。

所以，當年我們決定讓家姊休學、麻吉減速學習，也進行了非常多的討論。考慮過讓家姊留在台中、回鄉下住、去離島澎湖、南投信義鄉部落、台東布農的部落。而麻吉則是一起去探問過苗栗、台東的實驗學校。多方權衡，最後因經濟條件和安全考慮，決定讓姊弟一起去蘭嶼。

準備在蘭嶼生活，還討論了更多細節：環島，只能騎單車或走路，一方面無照騎機車違法，另外也因蘭嶼醫療條件有限，若是摔車失控衝出護欄落海易受重傷。跳海不可單獨，必須和有經驗的族人一起，因為他們有豐富的經驗。遵守當地禁忌，除了尊重文化傳承，更是原住民累積的安全規範。交朋友，去了新的地方就要多認識人，見面三分情，認識的人多，可以照應的人就愈多。女孩子必須顧慮被騷擾的可能，萬一發生，記住名字，記住是哪家的人，蘭嶼家戶都認識，通知蘭恩的園長。如果有重大急難，除了蘭恩的同事，就近可以找爸爸當兵同袍椰油國小顏老師，或是住在台東的姑婆。

其他諸如煮食、收洗晾衣服、打掃清潔、環境衛生等，平常都有做家事的習慣，只需要熟悉器具特性，就有應對基本生活的能力。

討論過程中，我們也要面對來自各方、變形版的二元論質疑：「萬一」怎樣了，怎麼辦？

去蘭嶼的消息傳到長輩耳中，他們說：「萬一受傷了怎麼辦？」「她那麼會讀書，回來復學萬一跟不上怎麼辦？」「如果回來了，萬一還是不想讀書怎麼辦？」「女孩子萬一遇到性騷擾怎麼辦？」「麻吉才國中一年級下學期，成長還不穩定，距離這麼遠，爸媽顧不到，萬一學壞了怎麼辦？」「萬一交到壞朋友怎麼辦？」「萬一到處亂跑怎麼辦？」

我們真誠地回應他們：「身為父母一定會擔心。但『萬一』是用出問題的角度來看，而問題是用來防範的，不是用來做決定的。如果只看到『萬一』並且以它做為決定的依據，那我們打算要發生的九千九百九十九件好事，也不會發生。而且，我們認真準備好讓『萬一』不要發生，另外的九千九百九十九件好事卻會出現呢！

姊弟兩人去蘭嶼，因為有準備，種種想像的「萬一」並沒有發生，而後來發生的九千九百九十九件事，卻成了他們生命中的祝福。

尊重個人的二元，會成為集體的多元

從二分法的思考發展到多元思考，同儕互動也很有影響力，而且正、負面的影響同時存在。正面的部分是子女能與個性、性別、家庭背景不同的同學相處，在生活中看到別人與自己的差異。負面的部分，則是小孩們有限的經驗加上二分法的思考，常會造成子女被同儕否定的問題，以致子女仍然被拖入二分法的慣性裡。兩個兒子在小學三、四年級時，也遇到了這樣的挑戰，這些時候更需要有家長的引導，使他們繼續擺脫二分法的限制。

我是飛機迷，兒子們小時受影響愛玩我的百架飛機模型、仰看呼嘯而過的飛機。台灣每年都有漢光演習，隔幾年也會有戰鬥機降落在高速公路戰備跑道。盼了多年，終於輪到離家不遠的戰備道。我馬上問兒子們有沒有興趣去看？麻吉諾亞興奮應允。

那天，兄弟起床毫不拖泥帶水，十分鐘內備餐束裝出門。到達預定賞機地點天都未亮。

時間到，飛機依序降落，停到定位。未久，重新起飛，引擎全開響聲震耳，我和雙子應聲齊吼，享受撼動全身的快感。隨著天空恢復寧靜，我們也跟著人潮散離。回程父子三人興奮討論、整路不歇。直接送到學校門口，看著他們快快樂樂跑入校園，想必也會和同學們開心分享早晨的神奇體驗。

下午放學回來我問麻吉，同學們是不是很羨慕他去看飛機？「沒有！他們說我說謊。」麻吉表情漠然：「他們說我一定是睡過頭怕被笑，所以就編了這個理由。」他補充：「而且，他們說飛機不可能在高速公路上降落。」

同學強烈不認同麻吉，甚至到否定他的程度，真出乎我意料之外。親師溝通時，父母還能使些力，但同學間的問題，有時老師都難以介入，麻吉必須自己面對同儕的挑戰。

「同學們這樣說，你會不會心情不好？」我問。他輕輕點頭，卻感覺得出來小男孩的倔強。

「你真的有看到這次飛機的降落，對吧？」我說，他再點了點頭。「而且爸爸、你和弟弟我們三個人都聽到強大的引擎聲音！」

「嗯。」他嘴角微微翹起，又回憶到當時的興奮。

「所以我們三人真的一起做了好讚的事。」他臉上有點光了。我接著說：「但如果你也從來沒看過飛機降落在高速公路上，你能相信有這種事嗎？」

他想了想：「不能。」

「這就對了！麻吉，我們都看到這件事了。但同學們是沒有做過的。」他眼神恢復了神采。

「然後，別人無法相信，不認同你時，只是他們沒有你的體驗罷了。」我揚起眉毛：「明天報紙出來，你帶去跟同學們分享人在現場的興奮感吧。」有證據，會讓自己更有底氣。

台灣社會文化裡有種矛盾：一方面主張每個人是獨一無二的個體，鼓勵人要有特色、主張，也要肯定自己的價值。但實際生活互動上，卻又要孩子聽話配合大家，少點自己的意見，別跟人家不一樣，免得被排擠、霸凌。這種雙向衝突，經常在孩子們的生活環境和學校中上演。

我帶著兒子們去看飛機影響到上課時間，就是勇於做自己。但這也讓人覺得：你們家這麼特立獨行，會讓老師有點困擾。其實，從這個情境中我看到每個人都有二元思考，但因為觀點不一樣，集合起來反而會出現多元思考。所以，我相信子女的獨特性是重要的起點，所以必須扶持孩子的發展。而老師和同儕萬一在二元思考中不支持，我身為家長，有百分之百的理由支持我的子女，因為他也是形成集體多元思考的一部分。

華人社會比較要求集體服從，從發展心理學來看，要對抗集體壓力的能力，差不多過了二十歲之後才發展起來，那時比較能獨立應對。在此之前，父母必須成為孩子的支持和幫助，讓孩子一方面有空間長成自己的樣子，也能在群體中生存並贏得尊重。這些支持和幫助需要家長精心安排，也要在人情世故中與老師協調合作，為孩子多元的成長發展做準備。

走向多元思考

我自己脫離二元論思維是在大學三年級。當時學了三年攝影，但受到交通工具的限制，很難隨心所欲上山下海追星逐日，題材與表現方式就不容易突破，因此需要摩托車以提高行動的自由度。當時的財力，還真是要父母的幫忙。

於是我認真準備好提案。某一天，我拿出誠懇的態度請父親支援。

我斗膽單刀直入地對父親說：「爸，我學攝影遇到很大的瓶頸，需要有機車才能解決。因為很多拍照地點公車火車到不了，有的還要摸黑早起等陽光，但第一班車發車都天亮了。可以請你幫我出錢嗎？我會打工把錢還給你。」

父親聽了立刻劈頭直回：「你不用這樣找漂亮的理由跟我講，我知道你在衝蝦米！看你從小就愛到處趴趴造，聰明卻不好好讀書，好不容易上大學，現在讀到大三，成績也不怎樣，買了摩托車就剛好讓你載著女生到處玩，不必再講這麼多理由了。買車？免講！」

連珠砲的回應讓我一股怒氣直衝腦門，真想用灑狗血電視劇的話吼：「我早就不是這樣了啦！你不了解我！」但顯然這只會陷入僵局。我只好禱告上帝，心思瞬然一開：不要吃分別善惡樹的果子，爸爸只是還沒準備好和我討論。

「爸，你說的這些話是真的，但那是還沒長大之前的恆嘉。」我誠懇地看著父親的臉：「你兒子長大了，請你也跟著長大！」

他閃過一絲驚異的神色，卻也瞬間消散：「好，那你說。」父親願意聽我說，當下我更敬重他了。

我掏出準備好的一紙A4企畫，條理分明地談了攝影學習的內容，成熟作品的條件，地理空間的分布，攝影時間的要求，學習進度的檢核，交通出行的安全規範，還有打工儲蓄計畫……等。當然，影響成績的可能性和應對方法也列了出來。至於載女生出去？沒想到所以沒寫，但等等要補上去。逐項說明完成，從頭到尾父親沒打岔。

「聽起來，你考慮得很周到！」父親聽完回答：「這樣好了，買車的錢我全部出。你專心投入攝影，不用掛心錢的事。」我太開心了！

「對了，還有……」又怎了？我心裡一驚。「騎車一定要注意安全。」父親補一句，滿滿的愛。

堅定而溫柔的多元思考

生活中處處可見多元思維，只是我們太習慣了而沒有察覺。二元思考的零和對立，常讓人際的互動產生衝突，甚至演變為某種暴力。而多元思考有很多可能性，沒有非得怎樣才可以，也會避免零和現象發生。而教養上必須認真要求，所以多元思維的典型樣子就是「溫柔而堅定」的態度。溫柔，是因為出於善意，可用的方法很多，沒有非怎樣不可；堅定，是因為仍然要做出結果，繼續成長發展。

前面的故事多是我第一人稱出演。但日常生活上，阿妮才是母艦級的教養主力，她的溫柔堅定，常常讓我嘆為觀止。

家姊上小學那年，麻吉諾亞也上了托兒所。學校要求自備飯盒碗匙。傍晚放學，兒子們回到家裡，用過的餐具已經發酸等待清洗。從第一天起，阿妮就帶著他們，有條有理、步驟清晰地教他們洗乾淨。

疼金孫的阿嬤說：「臭酸的飯盒，囝仔[1]不會洗啦，大人幫他們洗洗就好啦！」

阿妮回：「媽媽，這個要練習，我會教他們。」

過了幾天，阿嬤又說：「不要叫他們洗啦，小孩手小，洗不乾淨。」

陪著兒子們洗餐具的阿妮：「媽媽，這樣洗可以幫助手部肌肉發育啦！」

又過幾日，疼孫的阿嬤再說：「別叫他們洗啦，萬一沒洗乾淨，東西吃了會烙賽[2]啦！」

阿妮一貫溫柔地笑著：「媽，洗完我都有檢查，整個禮拜都沒拉肚子呢！」

家人生活的責任總要彼此承擔，家姊少不了分擔家務。阿嬤疼金孫女又另有說法。

看到她洗餐後一家九口的碗筷菜盤：「哎唷！這手要彈鋼琴、寫作業的，不要

1 編按：「囝仔」為閩南語「小孩」的意思。
2 編按：「烙賽」為閩南語「拉肚子」的意思。

洗啦！」

阿妮：「她的手也要學會照顧自己。」

看她幫忙端盤上菜：「哎唷！這手太小了，盤子大，不好端啦！」

「媽，妳看她長得多好。」阿妮伸出手掌貼在女兒手上：「她的手都和我一樣大了呢。」

阿妮不厭其煩，溫柔堅定又有耐心，我真是無上尊崇。

前面的過程看來輕鬆自在，似乎只看到阿妮的溫柔發威。其實，要面對一家子人，我們夫妻的意見也不盡然相同，所以兩人常常溝通做法。最大的共識是全家人都以善意為前提，不用二元思考論斷對錯，而是選擇當下最合適的做法。

多元思考是從非黑即白變成多種多樣的可能性。人人都有自己獨特的經驗，但我的經驗會超過你的經驗之外，你也擁有我未經歷過的可能性。肯定自己的經驗，不怕被否定，也不必否定別人。父母對子女相對於爺嬤對孫兒，態度就有不小的差異。後續我們繼續溫柔堅持，然而阿嬤愛孫心切仍常說：「毋通[3]啦！只是小孩，不要這麼嚴。」幾次下來，孩子們的姑姑看著好笑，就開口說：「媽媽，我們小時候妳更嚴格，還會用家法處罰我們。現在當阿嬤了，怎麼就改變標準了？」這話講得阿嬤無話可回，只好私下用自己的方法繼續寵孫兒去，我們也樂得讓爺嬤孫兒有他們專屬的開心時光。

超越升學軍備競賽的多元思考

升學軍備競賽是家長面對的現實。為了讓子女有好的成就表現，生活作息的安排容易一面倒配合學業：接送、上課、讀教科書、寫練習題、重覆大小考試、檢查成績單、天天上補習班，加上課綱修改後的多元入學、特殊選才等要求，再添加了才藝班、志工服務、社團紀錄……為金光閃閃的內容集點。對升學有用的才做，其他事不管，也是二元論的思考。而子女真心想投入的活動，卻不太受到關注，甚至能免則免，等到大學選填志願時，卻不知道子女喜歡學什麼。

3 編按：「毋通」為閩南語「不行」的意思。

家姊和諾亞國中階段，在讀書以外也投入其他活動，這會挑戰主流思考。家姊國中時就讀體育班，是把體育選手和成績好的學生混編同班。成績好的同學同班兼顧運動，也當小助教讓選手的成績保持水準，我們認同學校的安排，皆大歡喜。隨著各項比賽練習，家姊也練出習慣來，還加入龍舟校隊。因為校方決定參加區域國中女子組比賽，所以訓練也特別嚴格。中午頂著大太陽騎單車到河邊，在烈日照耀的河道裡訓練，鼓聲咚隆，齊槳起落，汗水河水交織濺灑，端午比賽摘銀，她也變得皮糙手厚黑了一個色票。

升上國三她繼續留在龍舟隊練習，即使比賽和高中會考日期相距不久，但因享受練龍舟的趣味，喜歡大夥齊心協力奪金的氣氛，還是去參加大賽。身旁總有人勸說要以考試為重，但我們不想落入二元思考，還是支持她全程參與。那年，她和隊友們一起奪冠。

諾亞國中加入田徑校隊，天天早起報到練習，但他多是陪練和當板凳，最傑出的成績是賽前幫奪牌同學按摩熱身。國二成績突然飆高後，還是照常晨練。國三時，班導師勸他以成績為重，退隊專心準備會考，但他拒絕了。導師希望我們勸他退隊，當晚在餐桌上討論：他覺得導師擔心的事不會發生，因為讀書專不專心是自己控制，而且校隊的運動操練會讓自己明目凝神、頭腦清晰。分析下來，也看不出退隊的理由。直到國中畢業那天早上，他都還照常參與訓練呢。

自然發展的結果

子女從二元進展到多元的過程，在日常生活和學習裡同步發生。他們的時間安排、和性格背景各異的同學互動、和老師互動、學科的複雜、社會壓力、社會情緒，從外部的客觀世界到子女的內心世界，都在同步發展。也就是說，孩子自然發展下去就是多元思考（圖3）。

很多學術討論都贊成，轉換期是子女在為多元的世界做準備，但還沒脫離二元的慣性，卻又撐不起多元的思考，於是有了「練痟話[4]」或光怪陸離、難以理解的

4 編按：「練痟話」是閩南語「胡說八道」「亂說話」的意思。

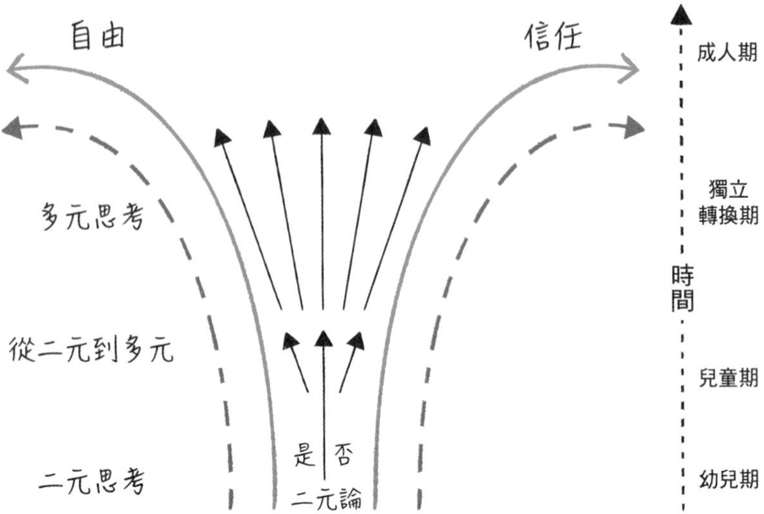

圖3　自然成長的多元思考。

行為。家長很難接受，便說：「現在小孩怎麼都這樣啊！」然而順著這些奇怪的想法和他們對話，很多有趣的事卻會隨之發生。與他們相處，我很少拒絕他們的奇怪，才能讓自己和年輕人對得上話。

然而，家長容易忽略這個自然發生的過程，甚至反其道干預阻止其發生。從比較負面的角度來說，沒脫離二元論後長歪成「壞掉的大人」，很能貼切形容那個樣子。

家長們會擔心自己缺乏引導

子女邁向多元的能力，是否會傷害子女。這本書是用目標導向的方式討論教養，所以不多談傷害的相關議題，讓我們聚焦在順利進入獨立期的人，他們心中多元的思考結構是什麼樣子，使家長擁有引導子女觀察與解讀世界的多元能力。

混亂的思考裡藏著層次

目前為止我們談了獨立的樣子，以及二元到多元思考發展是成長的必經過程。有些讀者讀到這裡，也許會認為理想很豐滿，現實很骨感。處在轉換期的子女，就是又亂又難搞，用「多元思考」來形容這段時間，只是用個漂亮的詞來代換「混亂」罷了！它根本就是個打結的毛線球（圖4）。

是的，經歷獨立轉換期的過程的確常令人感到混亂，子女的行為表現也常在預期與不可預期之間交互擺盪。

研究混亂的科學是「混沌理論」（chaos），其中提到「奇異吸子」（strange attractor，圖5）這種「一定範圍混亂但又可以預測」的現象，聽起來很矛盾吧！科學家發現不少現象看起來很混亂，但把觀測數據畫成軌跡時，卻會很奇特地看見

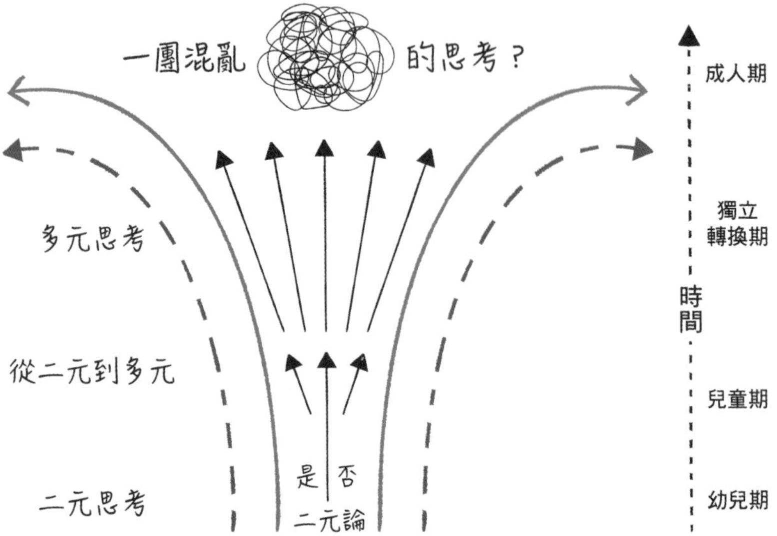

圖4　混亂的多元毛線球。

它被某種力量吸住，在一定範圍不斷變動，是一種「穩定混亂」的系統。但這種混亂只要換對角度就可以瞬間層次清晰、一目了然，不再混亂。

用以上的描述來看獨立轉換期子女，是否很類似？他們好像想得清楚，可是行為又變化多端，講一堆歪理但好像也自成系統，發生的當下常讓人驚訝、生氣、無奈，但仔細想又不覺得奇怪了。甚至也有與年輕時的自己似曾相識的既視感（Déjà vu），和子女相比

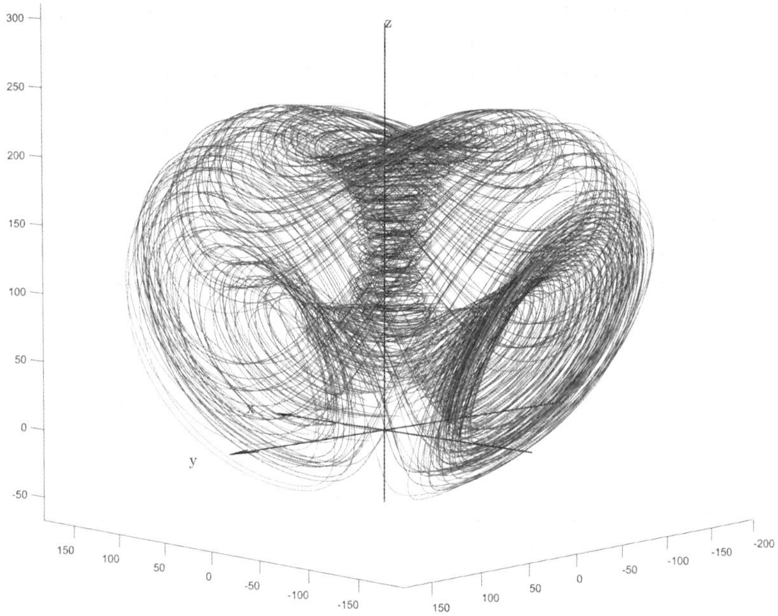

圖5　穩定混亂的奇異吸子。系統科學和混沌理論有「吸引子」（attractor）的概念，分為「一般吸子」與「奇異吸子」。

自己當年也是半斤八兩，但礙於面子又不好意思跟子女招認。這些現象綜加起來，與準大人的互動時有解、時無解，這次做對了，下次又錯了，明明剛剛還愉快聊天，馬上又生氣翻臉。整個就是在鬼打牆的過程中轉轉轉，但哪天就突然解決了，但又不抱希望下次還這麼順利，好像總得折騰到他們大學畢業成年才能放鬆。真希望能換對角度，找到合適的角度來看懂。

找出思考的層次

陪伴高中生及大學生的二十九年裡，我也積極思索尋找解答。從混沌理論開始延伸，我看到每個人都是自成一格的「動力系統」（dynamic system）[5]。並且從人格心理學的模型中歸納出人的動力系統有四種狀態（status），分別是：**願景**（vision），**策略**（strategy），**方法**（approach），**執行**（implementation），合稱VSAI。

在陪伴學生與教養子女的過程中，這些模式在我心中套疊交織，時時變化，構成了無數分支複雜的平面動態圖像。直到一九九九年春天，我把這四種狀態分布到心思的空間中，赫然發現它們是立體的「碎形」（fractal）結構[6]。這個觀察後來也得到了呼應。

每個孩子都不一樣，沒有公式可以套用，但換個角度，卻會看到許多類似的模式和狀態；與其從外表的現象和問題找答案，不如來應對思維狀態的相似性更為輕鬆省力。

轉換期年輕人多元思考的發展，是在VSAI的四種狀態中交疊成長的立體系統，當家庭教養、教學現場、人際互動、日常生活中的種種力量（power）灌注進去時，會在VSAI的系統中進行分配，轉變為成長的養分，使生命的善意能在想得清楚、說得明白、靈活應對、動手做到的過程中發展到有成果。我把這個結構命名為「碎形思考」（fractal thinking），用它來引導學生，也用來陪伴我們的三個子女，期盼他們成為有能力、負責任、被信任、自由而獨立的成人。

5 系統指涉一組互相連結的事物，在一定期間內，以特定的行為模式互相影響。

6 碎形（fractal）是由數學家曼德布洛特（Benoît B. Mandelbrot）在一九七五年所提出來的名詞。它的基本特性是：可以分成數個部分，且每部分都是整體縮小後的形狀，而且不管如何擴展延伸，都有自我相似的性質。

本章重點

- 二元思考的慣性，容易讓家長和子女覺得被迫二選一。
- 二元的討論是為了要有結果，而不是當成討論的前提。家長和子女學著用多元的方式討論。
- 多元思考是成長發展的自然結果，家長容易忽略這個過程，甚至阻止它發生。
- 每個孩子都不一樣，沒公式可以套，但換個角度會看到類似的模式和狀態。所以，與其從外表的現象和問題找答案，不如用思維狀態的相似性來應對。

學習與反思

- 想一想，家長和子女互動時，有哪些是二元思考表達的方式呢？我們生活中，又有哪些是和「萬一」很類似的說話方式呢？
- 如果溝通過程中又出現二元的講話方式，有哪些講話方式可以脫離二元慣性？例如「你說得很好，這也讓我想到……」「我還有一個想法……」「我覺得還有其他可能性是……」。除此之外，你還會想到哪些講話的方式呢？
- 人的天性的確會害怕問題出現，為了趨吉避凶而做決定也很自然。但是你做決定時，是「趨吉」的多，還是「避凶」的多呢？為什麼？
- 「溫柔而堅定」需要練習。哪些狀況下你能溫和表達？什麼狀況下你會有堅定的態度？什麼狀況下你能兩邊兼顧？什麼狀況下無法兼顧？

第 4 章

肯定願景，創造內在動力

孩子本來就是主動的

我們三個孩子的成長過程中有許多群體生活：學校、家族、親友、基督教會等等。人際接觸多了，他們的生活、學習、表達、個性、行為舉止等，總會攤開在親戚朋友眼前。這常帶來很多討論，也會談到誰家孩子如何又如何，最終總有人不禁會問：「孩子要怎麼教才會聰明？」

聽到這個問題，我心中的想法一向是：「孩子生來就是聰明的。該問的是：為什麼會把孩子弄笨？」

在大學工作，和家長聊天時也常聽他們嘆息說：「孩子的成長推得好辛苦，推了才動、不推不動。為什麼有的孩子可以很主動探索？」

我總是認為：「孩子生來就是主動探索的。該問的是：是怎麼把孩子壓抑到態度消極的？」

家長們確實也千方百計要讓子女積極主動又聰明，挑戰卻是：家長就算不想禁止孩子的探索力，也常常不知如何引導。又因過度的安全顧慮或怕麻煩，加上可以、不可以的二元論慣性，不知不覺就阻止了子女的發展動力。再者子女個性、成長與年齡階段不同，探索的方式各有不同，對很多家長而言很難判斷。若在某些關鍵時刻違反引導的原則，孩子的聰明、探索、主動性就發展不起來了。

有次和朋友泡茶聊天。聊著聊著，他兩歲多的兒子走過來，看到大人磨杯聞茶，氛香四溢，快意暢談，就靠近過來，這位爸爸也不以為意。小男孩看著煙氣蒸騰，茶起杯落，好奇想知道大人喝的究竟是什麼，然而茶桌器具疊加起來恰恰高過視線。於是他爬上父親大腿，順勢伸手就要過去擺弄茶壺杯具。

這父親一勁阻止，男孩卻沒有想停下來，手繼續前伸。父親急了，就一把將小孩從腿上抓下去。可男孩好奇心仍未滿足，就又爬了上來，再被拉下去。幾次重覆下來，爸爸動氣了罵他不聽話，別來吵大人聊天。小男孩顯然不懂什麼是「不聽話、吵大人」，仍然繼續堅持上爬探看茶座。

「哇！你的小孩有好奇心，這很讚欸！他只是想知道我們在喝什麼，你就抱他起來看一下吧。」我說。

「可是茶水燙，怕他亂摸受傷。」朋友說。

我說：「你可以抱好他，讓他保持安全距離，然後端杯茶讓他聞一下，再輕輕給他碰下熱熱的茶杯，說聲『這個燙喔』。」我補充一句：「也要告訴他什麼是茶葉，還有爸爸喜歡這個香味。」

他照著我說的話做了，小男孩好奇心一滿足就溜下玩自己的去。這爸爸驚嘆原來少少花點時間，既能滿足孩子，又能讓大人的交誼不被中斷。

有個長居國外的朋友回到台灣，在大學校園散步，看到讓她很難受的事：有對夫婦帶著兩個小朋友在草地上玩。孩子看到地上有漂亮的松果，便撿起來拿去問媽媽：「這是什麼？」這媽媽抓起小男孩的手，用力打了兩下，大聲斥責：「怎麼可以亂撿地上的東西，很髒，快丟掉！」小朋友失望地將松果丟了，一旁的爸爸說：「怎麼那麼不乖，不聽媽媽的話！」小朋友眼神無辜，從頭到尾不知道自己做錯什麼，只知道自己不乖，沒學到松果是松樹的果實，卻學到行動前要先想想自己是否會被處罰。

但她在國外時，類似場景發生：公園裡有個大約四歲的外國小男生從地上撿起一片樹葉，很仔細地看。他媽媽從後面走來，也蹲了下來一起看。小男生舉起手上的東西說：「這是葉子。」媽媽摸摸他的頭，說：「對，這是葉子，好棒！」然後媽媽將葉子接過來，搓揉了幾下，自己用滿足的表情聞它，再拿給小孩聞一聞，告訴他：「你看，這是樟樹。」小男生會記得公園裡這棵聞起來香香的樹就叫樟樹。長大以後，每每聞到樟樹的香氣，就想起風吹沙沙聲中樹葉飄落，斜陽倚照下，媽媽襯著日光溫柔陪伴他。

願景是動力的起點

子女隨著時間的成長，好奇心也會開始分化成不同的樣子，例如：需要、期待、夢想、興趣、喜歡、會問為什麼。濃縮成一句話就是「子女會在意」的狀態。如果它得到或是實現了，就會帶來快樂的記憶，大腦受到鼓勵，就會一直增強神經連結，建立更強的動機（motivation）讓自己能被持續有快樂的滿足感。最終就累積出內在動機（self-motivaion），開始有動力，最後感到快樂幸福。

反過來，如果被阻止而無法實現，就會帶來負面的記憶，大腦受到挫折，神經連結也會漸漸變弱，動機也隨之消散。累積到最後成了「習得的無助」（learned helplessness）。

這種會產生動機的共同特性，我用管理學的常用名詞：vision（V）來代表，中文稱它為願景，也就是**有件事情出現在子女的視野裡，而且子女會在意它、想實現它，因而產生動力**的狀態。這是能夠看到未來的核心意識。如果它是具體的事物，我希望未來能得到它；如果是抽象的東西，我希望未來能實現它、讓它成真。多元思考成長發展的第一個狀態V，就是從小小的欲望到大大的夢想，從現在到未來、從虛無抽象的假設想法到具體實現的期待。見圖6。

從與子女看見相同的V開始

子女對於自己的願景V能夠被滿足後，家長和子女要練習看到相同的V，家長要練習能看見孩子在意的事，也讓孩子看見家長在意的事，也就是：我學著在乎你所在乎的，你也會學著在乎我所在乎的。父母和子女可以共享各自的V，而且都得

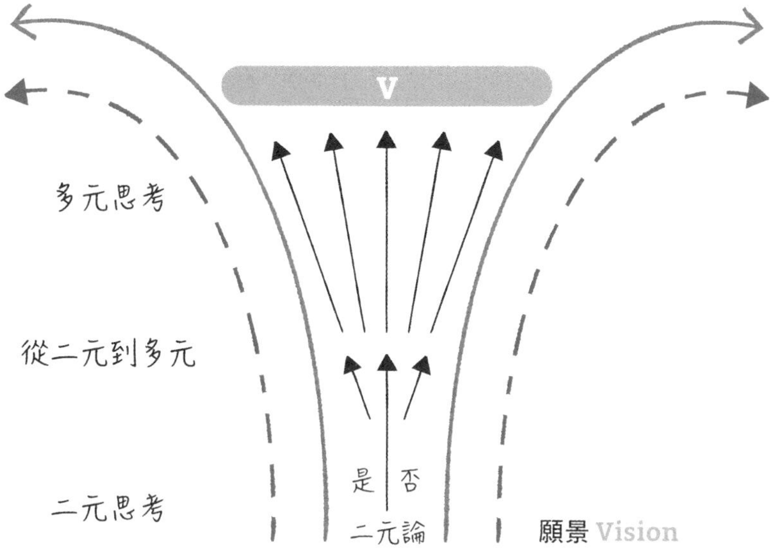

圖6　願景（Vision，V）出現了。

到滿足感。

有天我例常上班，但阿妮休假陪著女兒沒去褓母家；我下班快到的時候，辦公室電話響起：「爸爸，你要下班了嗎？」是三歲的家姊打來。

「對啊，我正在收東西準備回家了呢。」我立刻揚起興奮的聲音回應。

「我想要你快點回來陪我玩。」甜暖童音直入我心。

「好啊，我也想回去陪妳呢。」我也暖回她。

「那你什麼時候到家

呢？」家姊問。

「妳看一下家裡的時鐘，長針在什麼地方？」那時她只會看長針。

「長針在六。」家姊說。

「好，我知道了。」我不假思索，「長針到十二的時候，爸爸就會到家了。」

掛掉電話我立刻後悔！辦公室在台北市松山區，但家住新北市中和區。離峰時要一路綠燈才能三十分鐘到家，現在是下班尖峰時段，車流擁塞，都綠燈？太難了！

為什麼不再打個電話，說會晚點回去呢？因為我已經答應，而家姊剛學會看時間，已經核對了長針的位置，這麼具體的承諾，我必須尊重共同看到的期待。我抓起背包，跑步往辦公室樓梯間衝下去，等電梯太慢了。

跨上機車發動，下班時間車流集中幹道，要避紅綠燈與左轉停等區，先穿梭小巷才快。進了基隆路，尋找車流間隙，算準汽車動線、切入超車，用轉彎換道車輛的冗餘空間占得先位。平時累積了掌握路途紅綠燈的時差，控速到全線綠燈，直至羅斯福路首遇紅燈才得喘息。

綠燈亮，一馬當先衝上福和橋，下林森路接永利路轉永貞路連中山路，插翅飛行般地橫過路口、穿過車陣。終於在社區樓下停好機車。全罩式安全帽邊跑邊脫，剛好電梯心想事成停在一樓，立即無縫登廂上升十樓。電梯門一開，我跳躍到家門口，鑰匙早已備好立刻開門。

門聲一響，家姊沒照例跑來抱我，倒先衝去抬頭上望時鐘：長針恰恰指著十二。我緊張情緒到頂卻故作平常，歡樂大喊：「是吧！爸爸說長針十二就到家啦！」她表情開心，眼神透露出對爸爸的信任。

後來朋友知道這事，說：「哇！保護你的天使一定很忙！」是的，因為天使要和我一起保護跟孩子說好的共同期待。

《科學人》曾報導追蹤神經元活動的研究發現，當成人與嬰兒一起玩同樣的遊戲或看見一樣的東西時，他們的腦波會同步，覺得爸媽跟他們很親近。而且幼兒在語言能力發展之外，大腦也透過不同的感官和方式注意生活周遭的線索。父母在各方面和子女感受到共同的V，會使雙方保持共鳴和連結。

因此三個孩子所注意、在意的事物，只要在安全界線內，我們都順著他們的動機去探索，也一起享受獲得的成就感。隨著不同年齡的興趣轉換，只要完成學校交付的功課和家事，而且在經濟能力範圍內，無論是小學、國中、高中，都能放心投入自己感興趣的事物：甲蟲、工程車輛、百獸戰隊、鯨魚、庫洛魔法使、真珠美人魚、龍舟隊、刺客教條、電動、相聲、田徑、跑酷、beatbox、手繪動畫、美食料理、機器人、物理等。認同他們小小視野中的喜悅，他們也會容易認同家長的視野。

由子女啟動的主動性成長

二〇一六年之前，台灣社會曾流行「有夢相隨、希望最美」這句話，有夢想是當年的主流思潮。但這些年來談「夢想」的人漸漸變少，反而認為期待愈大，失望愈大，不如務實得到些小確幸。這個變化有政治、社會、經濟、財富分配的背景問題，使夢想失去了明確的定義，變得更虛無飄渺甚或鄙視，但我觀察到：V的需求從來都沒有消失，只是每個人的定義不同。這個時代，是每個人需要發展出自己的V。

前面提過教育觀念重視「成就表現」甚於「成長發展」，它造成一種常見的印象偏差：成就表現好的子女，會比較受到疼愛、尊重，因此似乎比較沒有成長發展的問題。只要有成就表現，他們想怎樣都不會被老師、家長阻止。相較於一般學生，明星學校學生好像更容易擁有自主權，可以決定自己的V。實際上他們也少不了探索尋找以及父母干涉反對的過程。就算光鮮亮麗的子女，也得面對挑戰探索出自己的V。

當年中山女中攝影社外拍日出，得凌晨三點出發上內湖五指山等待雪山山脈的朝陽。學生們前一晚先到我家集合休息，建中男生常來插花。北一女學生是偶爾隨行一般白天外拍。有次又要外拍日出，學生照例也先到家裡集合。北一女學生孟鈺很想與我們隨行，但家長聽到有夜宿就不准。她堅持想參加，所以告訴我說只需要凌晨到她家接人就可以去。我知道她很費力跟家長爭取，多個十幾分鐘車程去接也無妨，所以就答應了。

一周後檢討作品，訓導主任課後找我去談話：「恆嘉老師，北一女學生家長打電話來投訴你，我們想了解一下狀況。」我驚訝地聽主任說分明：「家長態度很客氣，但希望老師不要再誘拐她女兒凌晨出門了。」我聽了好氣又好笑，半夜開車接人辛苦不說，一群學生同行，哪來誘拐。

後來知道，孟鈺跟家長說了不過夜，改成第二天一早出發，家長沒想到竟是摸黑三點半。後來也許家長不忍責備女兒，或許也有爆發親子衝突，最終把負面的情緒往我這裡倒。從這事我看到孟鈺的動力很強，所以窮盡方法就是要參加外拍。我知道她喜歡建築，也很能感受攝影美學的魅力，於是我說：「妳好好跟爸媽溝通，要不要參加的決定權在妳手上。但只要妳想參加，需要接妳，我們一定到。」

孟鈺的事讓我意識到，即使成就表現好的子女也在努力爭取自己的V。我也遇到成就表現不突出的學生，反而因為父母的放養，什麼決定都要自己做，責任必須自己承擔，最後竟也強化了自己的V。家長若能認清V必須從子女本身發生，便有機會突破成就表現的限制，讓子女的主動性成長發展起來。

尋找願景

子女自己決定的V才能引發內在動力，但V的朦朧不明也是常見的挑戰。轉換期子女在不明白、不清楚時，經常會問「為什麼」來尋找V，不管是對事、對人、對知識。這些「為什麼」有的態度平和，也有伴隨挑釁的語氣或軟弱哭泣的態度出現。無論是哪種「為什麼」，家長務必先避開二元論的慣性，別讓子女以為是在質疑和否定自己，免得回罵「你這什麼態度？哭什麼哭？」以致爆發更大的衝突。我面對子女或學生時，會先略為安撫態度後就直接討論「為什麼」，有時候我甚至會提出更多種的「為什麼」或「為什麼不」，使他們感受到我們是一起在探索的。

我國中時對物理學很有興趣，因為它能解密世界的運作方式，讓自然界的道理瞭然若明。家裡從第一期的《牛頓雜誌》（現已停刊）就開始訂閱。上高中後打開眼界，求知欲更旺盛，我成績普通但問題多多，卻很少得到滿足的回饋。

有天我用拇指壓住食指圈起來變成小孔洞，用眼睛從中望出去，看似無聊的舉動，卻見到了當時不明白的現象：近視兩百多度的世界竟然變清楚了，但鬆手把洞放大，又變模糊了，我好驚訝。剛好那陣子在教高中光學物理，下課後便去問老師為什麼。

「沒有，物理上不會有這種現象。」老師說。

「可是我看到了。」我不死心。

「那就是你看錯了，沒有這種事。」老師說。

「我重覆試了很多次，景像真的會隨著洞的小大變清楚和模糊」我堅持著。

「那是你眼睛有問題，你該去看醫生。」老師說。

我知道不用再說下去，老師不在乎我在意的事。我下定決心，以後我的孩子有任何問題，一定好好和他們討論。對了，上大學後學攝影時讀到孔洞小變清楚是模糊圈（circle of confusion）原理，是成像夾角改變影響景深的關係。我看到的現象是真的，眼睛沒問題。

伊隆．馬斯克（Elon Musk）說過：「我小時候痛恨上學，上學是一種酷刑。」因為學校上的東西不在他「為什麼」的範圍裡，卻硬要塞給他，而他在意的「為什麼」卻沒有被討論。所以當么兒諾亞喜歡隨意跑進我房間不斷問問題，我看到他求知動力十足，對知識有渴望，當然就要馬上餵他，這般滿足感會促使他更樂意多吃。

如果孩子不習慣抓住學習的主動權，就需要練習才有能力抓住。如果家長肯定子女的V，就可以建立他們的主動性，不但在課業學習上，生活上的事情也能建立。等到時機成熟、順水推舟，整個人的主動性也會跟上來。

在我寫這段的時候，諾亞跑來說最近讀波動物理學到入迷，也取得好成績。而我心裡的反應是：哇！我不懂波動物理學，但你真的很有動力啊！

知道自己要什麼，我不要什麼

前面說過V有很多種樣子，但共同狀態是「子女會在意」。具體的V也會隨著年齡而改變。有些以前在意的，後來就不在意了：以前愛天線寶寶，不看就一直哭鬧，現在覺得天線寶寶很幼稚。以前沉迷於《棋靈王》《神之雫》，現在整套漫畫已都高閣蒙灰了……這些例子家長隨手拈來就一堆。但不變的是總會有新的在意：朋友、網路遊戲、比賽、化妝、追星、成績等。V不能消滅，只能改變，以其他更有吸引力的V來取代。

除此之外，轉換期子女的V也會不斷變化，從小範圍的個人欲望，改變為大範圍的夢想。從看眼前當下的滿足，轉變為長期的價值觀。也會從與現實脫離的想像假設，到條件充分的具體目標。這些都是V漸漸分化成長的趨勢。不同學生常會跟我講到同一句話：「我愈來愈知道自己想要的是什麼了。」就是這個探索的過程。

V就像前面談過的「奇異吸子」，會有力量把子女的思維吸住，不管表現出來的行動如何混亂，都會限定在一個範圍之內，而且重覆發生不斷繞圈（第一一六頁圖5）。若知道它是子女的V，就會變成能夠理解的軌跡。轉換期子女重覆做各樣嘗試，就是在找自己在乎、有興趣的V，覺得滿足快樂就把它留在心中，內在動機會得到鼓勵和強化。如果試過覺得無聊，先放下也沒關係，反正就是人生的一道小痕跡。

從「做選擇」變成「做決定」

當學生的V狀態發展起來時，更容易展現出獨立成人的樣子。近年流行一句話：小孩子才做選擇，我全都要。但我看到的是：小孩才做選擇，大人是做決定。

因為小孩從各種選擇當中做嘗試，之後才更知道自己喜歡什麼，「試試看」要承擔的責任和後果是少的，所以「全都要」還是小孩心態。所以，成長發展要從「做選擇」變成「做決定」，**V必須由當事人自己做決定，接著為自己的決定去溝通說明、付出行動代價、承擔發生的後果**。選擇，起點是別人給的；決定，起點才是當事人。從自己開始的V，才會有獨立性。

因此，我們引導子女從做選擇，漸漸改變為做決定。接下來，為實現自己的V努力付出和承擔後果。例如決定吃什麼、穿什麼、去什麼地方玩、交什麼樣的朋友、決定學才藝、決定學校、決定科系等。決定後，要有許多努力和付出，這些真實考驗會增加子女能力。立基在子女的V，努力才有長期效果。如果子女的V和家長的期待有交融，那真是恭喜；若是不一樣，我寧可尊重子女自己的V而有動力，而不是滿足家長的V卻喪失動力。

V的發展最終會涉及人生的價值和意義感，我看見心裡空虛的年輕人明顯增加，是因為需要找尋生命中的召喚（calling）和生命的目標感。二十多年來，不少學生找我開口就問：「嘉哥，人為什麼要活著？活著的意義與價值是什麼？」「如果我做什麼都不能自己決定，那我自己算什麼？」「我這麼努力學習拿成績，究竟有什麼價值？」「我不知道什麼對我最重要？除了爸媽，我到底還有什麼？」

這些學生很需要好好散步和討論，我問他們：「你會和爸媽談這個問題嗎？」普遍的回答是：「會想啊！但開口後讓他們很驚嚇，叫我別想不開，或是叫我別想太多。但就是想很多，所以才想問為什麼啊！既然爸媽都會想歪，後來乾脆就不講了。」這些問題的確不容易回答，所以家長很少和子女討論生命的意義和價值。當然也是因為太抽象，討論起來很費力。

生命有意義和價值感，再加上目標感，是強而有力的認同資本[1]，它能回答「我是誰」「我會成為怎樣的人」以及「我該往何處去」。空虛感的產生，反映了年輕子女在乎意義和價值感，但卻不知如何追求。有意義的學習、生活、工作才能提供個人的價值感，認清自己究竟是誰？興趣是什麼？找到自己擅長的天賦能夠幫助別人，也會安排自己的時間、金錢、學習資源好好生活。意義和價值感出來了，不但追隨自己的喜悅，也會增強子女的內在動機；即使資源相對少、環境困苦，都能往前走。內在動機弱，即使資源多、環境好，活著只是求短暫的舒適，對他來說世界太無聊了。

獨立的分界：能自己做決定

獨立成人的重要特徵是可以自己做決定。不能自己做決定，就算不上獨立。準大人有強烈的需求去學著自己做決定，自己能夠做決定了，內在動機更能發展起來。我發現那些很有動力的學生，會打從心裡相信自己在乎的V，然後下決心把它做到。

不少人熟悉以下場景：公園裡小孩正玩得開心忘我，家長看看時間得回去了，就問小孩說：「玩夠了，我們回去好不好？」小孩回答：「我不要！」大人瞬間發怒：「叫你回去了沒聽到嗎！你真是不講理又不聽話！」然後就兇巴巴把被罵哭的小孩拎回去。這類問了「好不好、要不要、可不可以」，然後小孩回答「不好、不要、不可以」卻被拒絕，變成家長不耐煩暴怒的場景可說不勝枚舉。

1 二〇二一年七月《科學人》雜誌p31～p35，〈陪伴青少年走過敏感期〉。

這種狀況下不講理的是大人，既然問「要不要，好不好」就是給了選擇機會。要讓孩子選擇，就要完全尊重。如果沒有要給孩子選擇，家長就別問他好不好，直接由大人做決定。**是選擇，就給子女決定，但家長要為子女的選擇承擔責任與後果；不能選擇，大人必須自己決定，並承擔責任與後果**。家長能分清楚選擇和決定的差異，才能清晰引導子女練習從做選擇到做決定。

子女的Ｖ成長發展順序是：**看見→選擇→決定**。子女會先看見自己在乎的事，家長要漸進引導他們逐步練習從做選擇變成做決定，一但進了轉換期，子女的自主意識急速發展，會開始探索自己可以決定到什麼程度，可以擁有多少決定權。轉換期的親子衝突戰場常是「誰在決定Ｖ」，到底是要照家長的意思，還是子女的意思。但若家長已經超前部署到子女學會做決定的階段，不但能減少衝突，還能為有共識的Ｖ一起努力和投注資源。

做決定最好從年紀小、事情小就開始練習，特別是與子女切身相關的事。近年流行一句話：「有種冷，叫做媽媽覺得你冷。」這是子女在抱怨連怎樣穿衣服都不能自己決定。諾亞小學高年級時，有次台灣急速降溫，而台中冬天溫差高低可到十三度，那天雖然晨起陽光燦爛，阿妮和我分別提醒他：「今天會急速變冷，你要不要加件衣服？」

他說：「不用，我不冷啊。」我們問了第二次，他仍決定不加衣服就出門去了。中午之後果然開始降溫。下午四點多放學，他一路跑回家說：「哇，今天快凍死了。」

我們不責備也沒酸他，只說：「快去加衣服吧，真的在變冷了。廚房有熱湯，快去喝！」我們不花力氣在二元論中證明我對他錯，不但沒產生衝突，他也學到我們會給他做決定的資訊，加上熱食的關懷，還培養了信賴感。

說不，是發展V的鑰匙

上面的例子有個共通點：拒絕別人的要求，不打算照別人的意思，面對準大人說不，是家長常見的挑戰，因為子女正在用自己的V學著做決定。在二元論的慣性中，家長很容易說出「你怎麼可以不要？你必須要！不然就是叛逆」。這種講法讓子女覺得被強迫，被否定，甚至是種態度暴力，從而爆發衝突。

或者家長也跟著賭氣：「隨便你，那就不要穿。」「隨便你，那就不要再學琴了。」回過頭來又酸他：「早就說過很冷了，你就不聽。」「看吧，人家台上自彈自唱，你都沒有。」嘲笑子女是家長不負責任的行為，因為子女說不的負面代價，竟然只證明了家長沒錯，卻沒有讓子女發展出能力。子女說不之外還要知道說好的目標在哪裡。家長需要去引導子女學會認得、並完成他們的V。

面對準大人說不，家長也有一種困擾：「他不要，我們得尊重他，但明明又不能不要，怎麼辦？」確實，這裡家長看到尊重和負責任並存的兩難。困擾在於認為子女說不就打算不聽話、拒絕父母的好意與關心，或逃避自己的責任與承諾。但尊重與說不二者並非零和對立，「尊重」是把焦點放在願意和子女討論「為什麼不要？」也認真思考「為什麼會說不動子女」。家長可以表明這件事仍然要做，但也提醒不做的代價是什麼。有些代價很快發生，例如天冷讓他凍了半天；有的代價比較慢發生，例如未來不會擁有自彈自唱的能力。

應對說不的關鍵，是認清子女正在建立界線。因為「拒絕」是畫清自己與別人界線的基本方法。你是你，我是我，我在乎的和你在乎的不一樣。換言之，子女自己決定的V出現，界線就出現了。但準大人還沒有足夠的人生閱歷和經驗，來判斷自己定義的V是否合理，是否能完成？而家長因為有經驗，很快就判斷出困難，直接就點出問題，卻忘了先肯定子女的V。在二元論慣性中還未轉換的子女，就會覺得V被否定。這就是家長踩了子女的線。子女只是需要他的V被認可、被看見。

所以，子女說不時，別急著爆氣否定，請他完整說出自己的想法。子女感受到接納，就會願意講出想法。講得愈多，家長就會知道他在意什麼；講得愈多，就更能看到子女還不成熟、判斷的資訊不夠，家長便可以提出自己的經驗來補不足。整個過程讓子女的V持續被肯定，而且因為家長補充了資訊，子女就有更完整的思考能力。

善用子女說不的反應，是幫助他們發展多元思考的鑰匙。讓準大人放心說不，把自己的界線畫出來，在界線內從容整理自己的想法，好好過度到多元思考，然後打從心裡建立內在的動力。

在說不和說好的過程中，準大人從V建立的界線會愈來愈明確，視野的範圍也會變清楚，進入一種知道自己想要什麼的狀態，內在動力也會隨之成長發展。能決定自己的Ｖ真好，更奇妙的是：Ｖ的決定，本質上也是二元論。家長不是也會回應子女：「要不要（好不好），是你自己說的喔！」但因為二元的結果是子女自主決定的，它就被扭轉成屬於子女的Ｖ了。

然而，實際上做了決定後，事情不一定會照自己的期望發生。我們下一章來談談，理想與現實之間的落差，如何變成子女成長發展的策略。

本章重點

- 願景V，指的是有件事情出現在子女的視野裡，而且子女會在意它、想實現它，因而產生動力。
- 準大人常會問「為什麼」來尋找V。家長先避開二元論的慣性，接著調整彼此的心情後，再來認真討論「為什麼」。
- 家長分清楚選擇和決定的差異，再來引導子女練習做決定。「選擇」的起點是別人給的，「決定」的起點是當事人。從當事人開始的V，才會有獨立性。
- 引導子女除了說不，還要知道說好，才能找到V。

學習與反思

- 想一想，你的子女在哪些情況下會很主動、很願意探索？
- 想一想，你的子女從小到現在，有哪些事是他很在意、有興趣或是很希望實現的？也和子女討論一下，你們親子間有共識、共同在乎的事是哪些？
- 想一想，有哪些事情是只能家長給子女選項來做選擇的？但有哪些事情是子女可以做決定的？
- 和子女討論一下，哪些事是他很想說不的，為什麼？如果要說好，又需要什麼情況、條件呢？
- 綜合以上問題，和子女討論一下最近看見哪些很在意的事？有哪些是可以選擇的，又有哪些是必須做決定的？

第 5 章

接納落差，轉為發展策略

放心地心情不好

家裡讀書的位置有張長書桌，南方暖陽入屋，窗外滿片金綠稻禾，芒花銀光閃耀，令人心曠神怡。背對書桌是和室，兩側紙門拉起來，加上裡頭的衣櫃，不失是個有隱私的空間。家姊臥室就藏在這方天地。

我們和孩子平時總能隨興談話，有什麼聊什麼，想到什麼講什麼。那天，我在書桌前想到與家姊有關的事，小學六年級的她就在和室紙門後，一如往常喊她要講講話。

「家姊。」輕叫一聲，沒有應答。也許沒聽到。

「家姊啊！」第二次，也沒出聲。睡著了？不會吧！大白天，剛還聽到窸窸窣窣的聲音呢。

「許家姊姊！」我提高聲量叫她還是沒動靜。奇怪了！使力拉開和室紙門。她坐靠櫃邊，斜背向我，顯然是清醒的。「我剛叫妳，有聽到嗎？」我問。

「有啦！」不耐煩的回應。

「我叫了妳三次，妳都有聽到？」三個孩子從來都是叫一聲就應答。想確認一下，也許前兩聲沒聽到。

「有啦！」聽出來是按捺著脾氣回應。

「那妳為什麼沒有第一次叫時就回答？」語氣略帶質問。

「心情不好啦！」她毫無修飾地小吼。

「為什麼心情不好？」我換成溫和口氣詢問。

「不知道啦！」這回厲聲直接蹦出。

哇！這種態度，從小沒見過這樣子。莫名其妙！我心中怒氣隱隱作動。

莫名其妙的年紀

高中時，有次和學霸姊姊閒聊，話題流轉間，她說：「恆嘉，你很聰明，如果有珍惜時間，成績一定比我還好。」

這話如引信般點燃心中彈藥，瞬然手上台農牛奶的玻璃瓶往電視機暴射而去。彈道偏了，砸中電視下方木櫃。姊姊大喊：「你莫名其妙生什麼氣！」她憤然離開。

看著漫流的牛奶，濺飛各方的玻璃碎片晶瑩透亮，我心情變得好平靜。對比剛剛的爆氣，兩種心情都很真實。剛剛想到她穿綠制服，我只是省立高中，尊嚴掃地！但牛奶瓶碎裂之時，心裡的波瀾也迅即消失。莫名其妙！

陪伴學生的日子久了，經驗和知識累積多了，就知道這些都不是莫名其妙。

走馬回憶，對比家姊的態度，我怒氣立即煙雲消散：「所以，我第一聲叫妳，妳就聽到了。」

「對啦！」她口氣仍然衝。

「然後，叫到第三次妳還是不想回答？」我又說。

「對啦！」音調再飆高。

「而且，妳心情不好，就莫名地不知道為什麼不想理我！」我手指著她，直接切入衝突點。

青少女沒回答，倒是眼中帶著殺氣準備開戰！

「我知道妳為什麼不想理我！」我沉穩地說。

她雙眉轉皺顯為困惑，眼神殺氣仍在。

「因為妳開始進入青少年期了，大腦正在成長和重新塑造，所以很多期待、感受、情緒反應……都被放大了。而且，荷爾蒙的改變，讓妳整個人外貌舉止也都不是原來習慣的狀態。這些都是妳從來沒有的經驗，妳不明所以，心情當然不會愉快。」我說。

「嗯！」女兒殺氣消失，但仍然沒一聲好氣。

我接著說：「這些生理原因造成的心理反應，不是妳能控制的，但它們就是發生在妳身上。所以，妳說不知道，是真的！」她沒在看我。「再說，妳要搞定自己的心情都不容易了，還要回應爸爸的質問，真的很難！」

她沒搭話，但表情像在說：「對啦，所以呢？你講這些有什麼用？我就是心情不好，不想理你！」

我認真看著她，緩緩地說：「所以，妳儘管放心地心情不好吧！爸爸支持妳！」

青少女驚訝地轉過頭來看我，怔忡著掉下了眼淚。良久，鼻子輕輕吸啜說：

「爸爸，謝謝你。」

「好啦！那妳現在可以理我了嗎？」我問。

「不可以。」她泛淚平靜地回答。

「哦！好喔。」我輕輕把紙門拉上，繼續讀書。印象中，家姊整個青少年期，我和她只有這一次衝突。身為家長的我必須回到那個年紀，想起自己當時也有的莫名其妙，才能溫柔擁抱孩子的心。

情緒是落差的反應

處在獨立轉換期的子女，會出現很多莫名其妙的行為，因為身體、大腦和思考正在練習面對更複雜的世界。準大人的反應方式，常常集中壓縮在他們的情緒表現上。

想想，什麼情形會有負面情緒？通常是和期待不一樣、又超出自己能理解的範圍、而且不知道該怎麼辦……等。

另一方面，什麼狀況會有正面情緒？就是超越期待，能夠易如反掌地處理和表現自己，對事物理解能力高強。

無論是正面或負面，情緒都在反映：**察覺了落差的存在**。對自己在乎的事的落差，也就是面對願景V的落差。「落差」一詞是中性的，但有站在高處下瞰，或是從低處上望的不同。負面情緒代表V沒有被滿足，即是負向落差；正面情緒則是V被滿足了，就有正向落差。

這個狀態我以管理學常用名詞：strategy（S）來代表，中文稱它為策略，是子女的**願景V與現況之間有落差，讓人產生情緒反應，迫使心中去察覺事物的條件和狀況，接著轉換為成長發展的策略**。

人活著總是能感知到落差，但落差是否被「察覺」，前提是必須在自己的V範圍內，進了範圍了才會有反應。如果不是在意的事，落差再大，也不會有情緒反應。例如：姑婆的孫子考上第一志願，比起同班好友成績大幅進步，後者會更讓人有壓力。

準大人的大腦急速發展，感知能力大爆發，對於落差也很敏感。心中的V產生的界線也在成長，自己做決定的期待更強烈。這時期外在的刺激條件變多，例如：生活範圍改變、同儕人際關係在建立、接觸的人事物增加、學習的科目難度提高……眾多事物混雜在一起，與自己期待的V攪和成一團，很多事變得更不清楚。如果有一點點落差感出現，容易對著影子亂開槍。家長只能嘆息子女「前額葉還沒長好」。

情緒落差的信號燈

情緒和落差感常常伴隨發生。當學生或子女帶著情緒來找我時，反而是給我一把鑰匙，可以打開心門進去了解落差在哪裡，一起找到通往V的路。因為我會專注看懂落差找到V，所以容易對準大人的情緒免疫。

用信號燈的概念來說：負面情緒是紅燈，正面情緒是綠燈。

面對子女的情緒信號，家長常優先留意紅燈。然而卻常看到子女情緒失控，家長也跟著對吼；或是在傷心落寞時，卻被家長要求振作不要傷心。

綠燈雖令人放心，但家長卻又顧忌子女自滿而刻意忽視，甚至還奚落嘲笑，或者潑冷水提醒不要驕傲自滿。

結果好事壞事最終都引發負面情緒、升高衝突。常這樣做就會使孩子關上心門，冷淡無感、一灘死水地對待家長。信號燈，燒掉了。

當信號燈亮起來時，首先是追查信號燈的線路，看看終端位置發生什麼事。所以我很少要情緒激動的學生冷靜、不要哭、不要得意、別太興奮。就算他們過度情緒化，暴跳如雷、傷心落淚得難以自拔、開心自信到目中無人，我認為只是對情緒的表達不熟練，重點是是要他們把情緒完全釋放出來，讓燈亮個夠。就像是發電廠的控制室裡有紅燈亮了起來，就算整片閃爍，經驗老到的資深員工不急著把燈關掉，而是讓它亮著直到找出落差的原因以解決問題。

但是我們常見家長去制止、忽視、否定甚至拒絕接受子女的情緒反應。制止，就是直接關燈；忽視，就是燈亮了但不看；否定或拒絕接受，則是說燈不應該亮，或亮錯了。這會讓信號燈表達的意義大亂，直到電廠爆炸爐芯融毀才知道真出事了。

心理學研究歸納出六種基本情緒：快樂、悲傷、驚訝、憤怒、害怕、噁心。其中正面情緒只有快樂一種，其他竟然都是負面情緒。人們期待正面情緒，但多數時候是要應對負面情緒，而且樣子還個個不同！難怪俗語說人生不如意事，十常八九。正面情緒只有願景V被實現了，就是簡單的快樂；負面情緒多，是因為實現V的過程很複雜。

負面情緒的種類雖然比較多，但還是要回到中性沒有好壞的原則，才能看得清楚。負面情緒，是反映不符合V期待的負向落差。而正面情緒，則是反映了超乎V期待的正向落差。

雖然紅燈和綠燈看起來相反，前者顯示出脆弱、羞恥、無助；後者在談快樂、幸福、光明。用二元論的慣性來看，負面和正面的事物的確很難相容。但在學術界與社會上的多年辯論裡，加上我的實際經驗，它們同時存在是能刺激多元思考的必要力量。

但是，家長也有難言的苦衷。近幾年流行認真對待準大人的負面情緒，要理解包容像隻刺蝟的子女、看清情緒勒索、善待青少年的叛逆、小心羞辱造成創傷、好好跟他們對話……等。這些主張難免讓父母覺得低聲下氣甚至窩囊，有時「你情勒我」還成了互相反擊的用詞，使溝通難上加難。應對準大人的情緒、落差的反應，實在不想忽視負面表達，但又真的很累人。如果老是正向鼓勵，又很廉價，怎樣拿捏又是鬼打牆的挑戰。

該紅就紅，該綠就綠

開車時，我們會認同紅綠燈是中性的，多數人不覺得遇到紅燈很窩囊，遇到綠燈很廉價。紅燈很重要，綠燈也是，只要功能正常，該亮就亮，該綠就綠，該紅就紅。而且當人們「承認」和「尊重」紅綠燈的功能，燈號被認真對待，正常運作就有意義，可以保證交通安全。最忌忽視它導致闖紅燈撞人，或是綠燈停車被追撞。

準大人心思的成長發展，像是心理空間裡的路網，成年後才明白通往何處，而且會隨年歲繼續拓展。幸好路網有許多指示燈：這裡紅燈，無法通行；那邊綠燈，儘管通過。心思路網處處有號誌，子女正在學著使用，用得好，會被稱讚EQ好。大人也是經過許多人際互動與社會淬練，才擁有相對穩定的EQ掌握力。

書院剛開始運作時，學生打算成立自治會。某日，意見特多、講話嗆辣的大一學生豪廷，說什麼也要跟書院理論：既然期待學生們成立自治會，卻管那麼多，一大堆限制，一點都不自治！

一衝進忙碌的辦公室，他就對著學姊說：「書院不是希望學生組成自治會嗎？」

「對呀，院長有說過。」學姊回覆。

得到肯定的答覆，豪廷開始發揮開嗆功力：「那請問一下，自治會不是要自治嗎？」

「要啊。」學姊回答了，但有點搞不清楚狀況豪廷為什麼這麼兇。

他立刻加大音量開砲：「要學生自治，那老師為什麼對我們意見這麼多？管這麼多？難道我們就不懂事嗎！難道我們就沒有能力嗎！難道我們遇到問題不會解決嗎！」

「欸……！」這位學姊個性溫和，也才剛畢業沒多久，面對小四歲有餘的學弟連珠炮，支吾愣住。

「難道書院不是要成全學生嗎！難道不是要放手學生才能成長嗎！難道書院主

張讓學生具有自主融通的精神都是假的嗎！」他聲音高吭、振振有辭。

我聽到嘈雜巨聲，就從獨立的玻璃隔間走出來。學姊轉過來看我，珠淚懸垂，雙眼泛紅，完全無法應對：「恆嘉哥，你看豪廷啦！嗚——」手指學弟，悶聲哭了出來。

我靠過去，用一貫溫和的表情看著豪廷：「剛剛我在隔間裡聽不清楚，看你這麼激動一定是很重要的事，你可以再說一遍嗎？」

他大受鼓勵，加特林旋轉機砲再度開啟，其他同學、同仁也都圍了過來，看我如何招架。

豪廷聲大語速快，每個字倒是能聽得清清楚楚。等他說完，我平靜地問：「所以你的意思是說，書院希望學生組成自治會，你們也同意學生自治是可行的，但希望老師們保留一下意見，先讓你們討論一下，因為你們夠懂事，也有能力解決會遇到的問題。是這樣沒錯嗎？」

他很驕傲地看著我說：「對，就是這樣沒錯！」

正向敘述

我故意用他原來的語速瞬間吼回去：「那你就好好說：『書院希望學生組成自治會，我們也覺得學生自治可行，希望老師們先保留意見，我們會先討論，因為我們夠懂事，也有能力解決遇到的問題！』你剛剛一直講：『不是嗎！不是嗎！不是嗎！』，到底是『是』還是『不是』？你這樣講，亂七八糟，誰能聽懂！」

豪廷立刻縮了回去，怯怯懦懦地說：「不……不是啦，我不是那個意思。」

我保持音量高亢：「是！就是！你這樣講話就變成是那個意思！」停頓一下，讓他心裡有點緩衝，我也放緩語氣：「明明你的想法就很好，大家都很願意把自治會做起來，好好一件事都差點被你講壞了！」

他聲音還縮著：「恆嘉哥，我……我……我……。」

我沒讓他插話，但把手放到他肩膀上：「你要學會正向敘述！正向敘述！是，就說是；不是，就說不是，多說了或混著說，就會讓人覺得你有惡意，結果亂成一團。」我用厚手掌揉捏他的肩膀：「你們的想法很好，我也相信你們，後頭我會去請老師們先不要干涉太多，讓你們自己先把自治會組起來。後續有什麼問題，大家再和老師們討論。」豪廷站在原地，深深地看了我幾秒鐘，帶著被肯定的笑容離開。

策略來自承認落差

我認為正向心理學的深度涵意是「承認」（recognition）的態度。承認正在亮的是紅燈或是綠燈，而非只准亮綠燈、不准亮紅燈。如果什麼事都只能往好的看，只能馬上賦予快樂、幸福、美好的意義，就是只准亮綠燈。在溝通過程，這是信號運作不良。豪廷的「不是嗎！」的語法，就是典型的不良運作，數學說負負得正，但負面的兩個紅燈加起來並不會變成綠燈。綠燈亮了就承認看到綠燈，紅燈亮了就承認看到紅燈，就是辨識出落差，把落差用正向敘述表達出來，心裡有力量正面應對落差，就會轉換為成長發展的策略。

正向敘述，是承認出現在我們眼前的事物，都有合理性，也就是黑格爾（G. W. F. Hegel）所說的「存在即合理」。凡是現實的東西都是合乎理性，都可以被分析討論和理解的。

情緒的合理性在於能夠反應出落差。大腦和心理的運作無法處理不存在的事物，人必須先承認與接納事物的存在，才能接著處理。綠燈當然好；而紅燈被看見了，能夠停下來發現然後解決問題，把V完成，也很好。

書院開學時，新生被要求必須細讀《書院宣言》，其中有一段話是：「在我所處的歷史裡，在東海大學的歷史裡，甚至世界各大文明，我都真誠面對，勇於承認，以確立自己的存在。」

有人曾提出疑問：為什麼「承認」這動詞後方沒有受詞，究竟要承認什麼？經過教授老師們不斷討論，大家接受了不需要受詞的共識。因為放心從容地「承認」任何事物，是一輩子修練的功課。

準大人的發展過程中，學會「承認」落差非常重要。而且，燈亮了，家長要認真看，也就是聆聽的工夫。因為當子女在面對多樣的挑戰和困擾，家長得放下對他們情緒的介意，聆聽並承認他們所處的落差狀態，這不但是包容和接納，更重要的是：家長要用經驗引導子女，把落差扭轉為成長發展的策略。

我家住電梯公寓，大樓中間是住戶共用的天井，採光通風好處顯而易見。但有哪戶人家興奮交談，總也難免引人側耳。

多年來，經常聽見不同鄰居家裡青少年和家長的吼叫聲。內容不外乎學校的事，或者牽涉到朋友，也許與打電動有關，又可能關乎家人親族……內容又多又雜，我們置身事外早已忘記。但共同劇本是聽到家長大聲責備子女，或者子女咒詛家長；每每以極端嘶吼加上摔門巨響才告終，總要多年後才告平靜。其間，我們一家常慶幸縱有衝突，也還能對話溝通。

準大人的感知能力大爆發，情緒是超越口語的重要信號。各種感受多層次多方向出現，青少年自己也很難講清楚。家長聆聽與承認準大人的落差，使他們感受到包容、接納和安全感，接著才能用正向敘述面對落差，找到成長發展的策略。

找出解決落差的策略

看到彼此的視野

岳家房子在鄉間大馬路旁，雖算不上交通要道，但車來車往也是不少。小孩在院子走廊嬉戲，難免衝到馬路上。新聞上看到別人發生憾事，總是令人心驚。幾次看到他們玩得忘我跑到馬路，真是叫人擔憂，心裡盤算著如何是好。

我把兒子們叫來，走到停好的兩部車中間。蹲下和他們齊頭，：「麻吉、諾亞，你們看。」他們認真順著我手指望去：「你們有看到路嗎？左邊，還有右邊。」

「沒有，被車子擋住了。」兄弟望了望回答。

「對，爸爸現在和你們一樣高，也看不到啊！」他們點點頭。「你們玩得很開心的時候，會不會從這裡突然跑到路上？」他們又點點頭。「那如果你們突然跑出去的時候，有車子來了，你們會不會看到？」

「不會。」搖搖頭。

「如果你們衝出去，又突然看到車子，大家都停不下來，會怎樣？」我問。

「碰！」兒子們一起猛力發聲。

「對，車子就撞到你了。」我用驚恐的表情看著他們：「然後，你就會很痛，可能會死翹翹。然後沒有你們了，爸爸媽媽就會很傷心。」我的臉揪出哀傷的表情。

「而且，我告訴你們喔！」兒子們凝神聽著：「你們看不到車子，開車的人也看不到你們。他們也是要『碰』一聲才知道撞到人了，那就來不及了。」

他們陷入思索，我倏乎抱起兄弟起身：「看，爸爸這麼高，是不是都看得到馬路和車？」被舉高的兒子們使勁點了頭。一部車湊巧飛快駛過。

「這麼高，好遠就看到車喔！」我揚起聲：「所以，爸爸會看到你們沒看到的。如果看到車子，就會喊你們，要馬上回來，才會安全。」再補充：「如果沒有叫你們，你們盡量玩。如果叫了就是有事，要立刻回應說『聽到了』，知道你們有聽到，才能保護到你們。」

講完把他們放下：「可是你們玩的時候，大人不一定都在旁邊，但是也要注意安全，怎麼辦呢？」我暫歇，他們疑惑得很專心。

「看到這條白線了嗎？」我手指著它：「白線很長，開車的叔叔阿姨都會看到。但是線外他們可能會看不到，所以不會隨便開出這條線。」兩小孩視線跟著我揮著的手展望而去。「你們走路、玩耍的時候，一定要留在白線裡面，就可以保護自己喔！」

沒幾天，看到兒子從舅婆家奔回外婆家，在白線內側跑著。半途，有台車緊貼白線停靠，差不多只留二十公分。遠遠看他腳步放慢，雙手扶著車窗、胸腹靠著車身，好像貼身懸崖而過；走完，又恢復輕快慢跑。真的不越線！

多年下來，很多事都要子女們留意，也需要他們的回應。我們常常蹲低溝通，但也把他們拉到大人的高度，就能看到彼此的視野。用子女的高度講理，就能講進他們心裡。不是要他們聽話，而是要有效溝通，累積久了就有信任，講一聲就有反應，大人也放心。

落差溝通後，才能得到策略

有落差就好好溝通，讓親子間有共識，讓它轉換為完成V的策略。子女進入獨立轉換期後，在意的V也會變大變廣，牽涉的落差也會又多又複雜，甚至超乎家長的理解。例如：同學關係、師生互動、時間分配、讀書計畫、作息安排、興趣愛好、金錢使用、性格特質、思考盲點、探尋價值意義……不一而足。落差的共通形容叫做「有問題」，我常聽見年輕人被教訓「要好好面對自己的問題」，但實務經驗上要認真面對的是V，而不是問題。面對問題，問題反而會變多。問題是要被解決的，不是用來面對的。完整的概念是：「面對V，找出解決落差的策略」。

準大人要解決的落差和問題非常多，而且狀態是複雜又不斷變動的。我用策略（strategy）一詞來描述這個狀態，因為和管理學的「策略管理」有許多相似之處。

應用在子女的成長發展，是從紅綠燈信號中看見內外的具體問題，接著分配調整資源條件，讓子女的V能夠成長發展。簡潔的過程是：**接納情緒↓建立安全感↓承認落差↓轉換為策略**。而且，一個V會牽連多個策略，如下頁圖7所示。

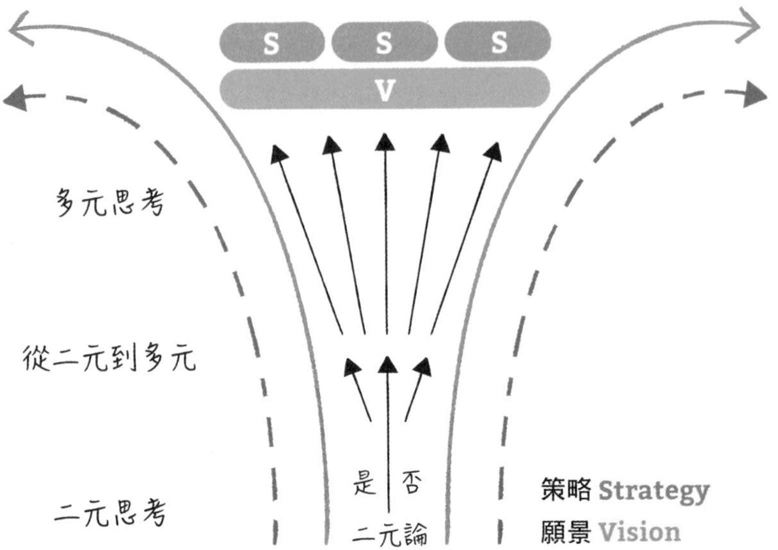

圖7　策略（Strategy，S）出現了。

面對帶著問題來的子女或學生，基本上我都是快快地聽、慢慢地說。先閉嘴，把耳朵打開，讓他們有安全感，什麼都可以講，完整表達，不打岔。聽的時候我不給二元論的評斷，也不發表意見，偶爾插入簡短的追問，如「為什麼？」「接著呢？」「然後？」「所以你的意思是這樣嗎？」等，或是以重複對方句尾的「接話尾」方式[1]回應。一方面讓他們知道我在認真聽，感受到同理，一方面也釐清我沒聽懂的。

當我專注在聆聽而非回答時，就能用心感受他們的情緒，同時理性定位出每個落差的位置，描繪出他們心中的事件，然後轉換為策略。有些表達混亂的「意識流」同學，和我聊完後說：「恆嘉哥，我都不知道自己在講什麼，為什麼你都聽懂了。」我總是很開心聽到這樣的話。

落差是中性的，有落差才會蓄積力量變為策略。落差大、策略力量也大；落差小，策略力量也小；落差消失，策略力量也會消失。落差的高低可以說是位能（potential energy），我喜歡把位能的英文直譯為「內蘊的潛在力量」。但它是建設性的力量，或是破壞性的力量？都要看是否能把它轉換為策略，才能好好分配到位。

1 「接話尾」技巧，如當子女說「厚，他真的讓我很生氣！」你就接「真的很生氣。」又如「同學不認真做作業，都在浪費組員的時間！」你就接「太浪費時間了。」

迷路，還可以被喜歡？

策略啟動是從子女心中的落差開始。然而，在子女表達之前，落差就已經在心裡了，加上轉換期大腦的激烈發展，使得心緒紛亂的程度就更難控制。

本書雖然是討論如何引導準大人，但成長發展的狀態是連續又類似的，所以也講了不少幼兒期的故事。因為從小開始留意狀態，到了準大人期要從落差找策略才會相對輕省。再談一個家姊幼時的落差事件。

家姊四歲左右，我們還住台北。苗栗有點遠，卻是當時愛去的地方。她很愛從後排中間觀望車前景致，同時聽著大人飛沫敘叨。車到老雞隆陌生鄉村的岔道，一時間不知該左轉、右轉或迴轉。車子停下，我隨口說：「啊！我們迷路了欸。」

不料，家姊竟突然在我和阿妮耳畔大聲嚎哭：「嗚——啊！迷路了，我們會被大野狼吃掉！」

我踩緊剎車放空檔，車定住不動。心中驚覺：雖然童話故事無心害人，但迷路的恐懼竟然這樣影響孩子！

「恐懼」是孩子們極為真實的感受，我們極度反對嚇唬小孩，使他們心存恐懼。然而孩子自發的恐懼情緒卻必須被接納，父母一定要引導幫助孩子越過。有人陪伴帶領，見識智慧增加，恐懼就會悄悄離去。

家姊才哭不到三秒，我用蓋過哭聲的音量，轉頭開心對她喊：「哇！爸爸最喜歡迷路了。」

她停住哭聲滿臉驚訝，似乎在說：「迷路，還可以被喜歡？」爸爸的反應怎麼跟童話故事裡的情節不一樣！

「因為，迷路就是到了沒見過的新地方，這樣就可以見到從來沒看過的東西，會有新發現啊！」我讀她的心，快快補上這句話。

家姊表情顯出思索，竟然和原來的想法不同。我速速拿出門側的地圖集，在她眼前輕輕晃動：「妳看，這個是很棒的書，叫做地圖。」

她望著地圖忘了哭。我繼續說：「它會把每個地方畫成圖，就可以從裡面知道我們在哪裡欸！」仔細翻開地圖，遞到眼前讓她細看，當然她還看不懂。

「妳看這裡，這個地方叫做公館，我們剛從這裡過來。」我手指著：「我們要去的地方是銅鑼。」我又指向另個位置：「為什麼爸爸知道迷路了呢？」我繼續對她說：「因為我剛剛看到路邊有『老雞隆』三個字。但要去銅鑼應該不會經過這個地方。」指著地圖，我看著她：「一定是剛剛走錯路了，才會迷路。」

「我們再看一下。」她繼續看地圖：「這裡有個『文』，意思是有學校。如果我們繼續往前走，右邊會有一個學校喔。」我把厚重的地圖交給阿妮：「走，我們試試看，前面會不會有學校？」我鬆了剎車，踩上油門前進。

不到兩分鐘，興隆小學出現在右邊。我歡呼：「耶！這就是地圖上的學校。太好了，我們一起到了新的地方呢！而且，只要轉回頭，還是能去到銅鑼吶。」

她露出開心的笑容，淚水已然消散。原來迷路不可怕，還能認識新地方，可以很有力量繼續旅行呢！

岳母有陣子從鄉下到台北同住，也常帶孫女到市區出遊。有天岳母返家後問：

「你們是怎樣教小孩的？」

我和阿妮小小驚訝，說：「怎麼了？發生什麼事？」

原來岳母帶家姊搭公車去國父紀念館玩耍，回程沒注意上了同一路線的區間車，終點竟是衡陽路，而非原來的萬大路果菜市場。她心想：「糟了，台北公車不熟，從來沒有中途下車過，現在不知道怎樣回去，帶個小孫女如何是好！」

岳母自言自語地說：「阿嬤迷路了。」不料家姊聽到了，竟然大聲地說：「阿嬤！我最喜歡迷路了！這樣就可以發現新地方，看到新東西啊！」

所以，當家姊因為迷路感受到恐懼害怕時，我不否定、也不嘲笑她的感受。而是用「喜歡迷路」來承認迷路，家姊反而看到迷路並非絕境、不必害怕，落差就成功扭轉為策略S。接著很快用地圖讓她知道落差有方法解決，原來想要去的地點（願景V）仍然在那裡。

把落差扭轉為策略

完整的S，是從自我覺察（self-awareness）內心的落差開始，從情緒和感受中學著承認「我真的有這個問題」。並練習以「正念」（mindfulness）好好活在當下，承認這些苦樂交融的事，沉澱自己的內心；因為承認了，反而能用從容的態度來看待落差，就被扭轉S了。

與準大人合作發展應對S狀態，家長要先肯定情緒紅綠燈是中性的信號燈，接納聆聽子女的情緒，當他們有了安全感，就可以承認落差的存在，而原來的落差，就轉換為成長策略了。

面對子女的負面情緒，對話時不要跟著起伏，家長務必冷靜地聆聽、溫暖地接納，讓子女有足夠的安全感和時間去進行自我覺察，整理出自己在意的V，負面落差就變成了S。

對於子女的正面情緒，反而要跟著一同起伏，具體肯定，真誠共享，一起開心。但要在適當時間結束，因為開心一天就好，接下也讓他們進行自我覺察，讓已經完成的V變成為往前走的基礎，同時肯定子女的S。

當家長把S狀態成功從落差轉為策略後，就可以進入方法A的狀態了。

本章重點

- 策略S，是願景V與現況之間有落差，讓人產生情緒反應，迫使心中去察覺事物的條件和狀況，接著轉換為成長發展的策略。
- 情緒就像紅綠燈，是中性的信號燈。要讓它功能正常，該紅就紅，該綠就綠。並且要認真看待，不可以忽視、也別叫子女關掉。
- 家長要聆聽接納子女的情緒，讓子女建立安全感，接下來承認落差的存在，就能用經驗引導子女把它轉換為策略。

學習與反思

- 想一想，你在青少年時期時，有哪些父母親認為你是莫名其妙、不可理喻的事情？你會希望你的父母當年怎樣對待你？
- 和你的子女談一談他們莫名其妙的時候吧，請他們說說看為什麼會有那些莫名其妙？子女希望你可以如何對待他？
- 想一想，你有忽視自己的情緒信號嗎？如何表現自己的情緒信號呢？自己是否忽視了子女的情緒信號？子女如何表現自己的情緒信號呢？
- 相信你的人生歷程中必定有些「本來很介意」，但後來想通了覺得「也沒什麼大不了」的事情。把事情的來龍去脈以及如何想通的過程找人講一講吧。當然，也可以跟子女分享。

第 6 章

累積多元知識，找到應對方法

「我爸無知的日子，怎麼這麼快就到了！」

孩子們都愛提問題，隨著年紀增長，提出來的問題也愈來愈有深度。那天晚餐結束，我留在餐桌邊看書。諾亞信步走過來，隨口就問：「爸，有沒有比熱大於一的物質？還有，壓力會不會影響比熱啊？」

「比熱大於一？」我心想：「物理定義水的比熱為一，比較常聽到東西比熱小於一，一時想不到什麼物質比熱大於一。而且用水的比熱當做標準，可能因為它是最大值？也許比熱都小於一吧？但這些都是我猜的，其實我也想不起來有沒有！」心思仍如電光火石：「比熱就是物質吸熱和散熱之間的關係，吸、散熱是能量的流動交換。壓力會不會影響？材料密度可能會受到壓力而改變，那……應該有關……吧？再想下去就太複雜了，我不知道欸！」

知之為知之，不知為不知，於是我回答：「你這問題太有意思了，但我不知道欸！你把它弄清楚然後來告訴我，爸爸也很想知道。」我泰然自若。

「啊！怎麼會這樣？為什麼？為什麼！」諾亞突然跺腳大吼，聲調中帶著悲傷。

「啊?你怎麼了?這麼誇張嗎?」我嚇了一跳,也感到莫名其妙。

「怎麼這天這麼快就到了啦!嗚——」他噴出眼淚,真的在哭!我更搞不清楚狀況了。

「嗚——我爸無知的日子怎麼這麼快就到了!」欸?我聽了竟然很想笑,仍然正經地看著他。

「爸,我一直都知道,總有一天我會把你問倒,最後也會比我無知。」諾亞帶著淚水:「但我以為要等到上大學才會發生,沒想到現在才國三,這件事就出現了。嗚——」他的淚水很真心。

「哈!」我出聲輕笑,「這很好啊!你終究會變得比我強。而且這麼快,我覺得很好欸。」我伸出手掌放在他的肩膀上。

考試的真相

國中二年級以前,我自認學習力非常好,因為考試總是全班前幾名。隨著年級升高，科目內容愈來愈難，還沒讀懂就要上場考試，我的成績愈來愈差。

有次我拿起考卷，要開始水深火熱時，分心瞥見試卷標題：「某某學年度第一學期數學科第二次學習評量」。我心裡突然想：「等等！這是考試嗎？標題上竟沒出現『考試』？它是『學習評量』欸！這什麼意思？」我似乎發現眾人視而不見的大白象！

評量，是看學生上課學得如何。評量結果不好，應該就是學生沒弄懂，所以需要協助。評量結果不錯，就代表讀懂，可以再引導他學更深更廣的知識。奇怪了，雖然卷首標題寫了「評量」，但實際上卻變成「考試」了。

考試，是把沒學會的學生找出來，然後讓他知道：「你沒有學會。你不懂，因此你不及格。」這感覺很差。考試，也是把學會的學生找出來，然後跟他說：「太好了，你學會了，因此你得高分。再來還要給你更難的知識，繼續證明自己能保持高分。」

考試結合入學機制，就變成了整套的「篩選工具」，是不言自明的集體共識，也辜負了幫助學生學習知識的初衷。不管成績優秀或落後，學生都落入集體被篩選的過程裡。

但是，從小的經驗告訴我，就算考試不考，生活上都會用到知識。

我成年前，家中管務農兼漁牧，飼養豬雞鵝鴨魚鱉。幫忙農事是我每天必要的工作，袋裝豬飼料每包五十公斤。小學五年級開始嘗試獨力卸料，幫父母省麻煩。讀到槓桿原理，即使飼料重，找到支點也能一個人輕鬆搞定。

農園裡處處家花野花，種種香氣常引來蜜蜂，招惹難免被螫。起初苦於被螫的疼痛，要忍耐很久才能舒緩。讀到酸鹼中和，氨鹼蜂毒酸，毫不遲疑尿往螫痛腫脹之處，腫痛立消，從此再也不怕蜜蜂。

為什麼不要赤腳走路？因為七〇年代以前慣用水肥施灑菜園，放養禽畜也難免處處糞便，當年書上強調鈎蟲病，幼蟲會鑽入腳底寄生人體，穿上鞋就能避免罹病。我父親偶爾從學校借回顯微鏡，取了各種水樣觀察，微觀水滴裡生物世界很豐富。豬糞水裡滿滿各種蟲菌，就知道幫農後要洗手，腳上有傷口時別踩髒水才不會感染發炎。

在成長和工作過程中累積經驗，知道世上沒有無用的知識，只有和生活還沒連上的知識。如果連上了，知識能讓自己找到更聰明的生活方法。

現代教育制度的前提：人必須具備足夠的知識，才能在現代社會生存與創新。職業的發展與創新有很多可能性，專業領域知識各不相同，都必須扎根於基本知識，它們需要十二年才能教得差不多。但是當師生只注意考試拿成績，基本知識變成只為考試而存在，實驗操作都省了，只會離生活更遙遠，知識變得更無用。

因此我們著重為子女建立知識和生活的關係，並連結到他們在意的願景V，把學習胃口打開。而且學習重點放在對知識的理解程度，所以我和阿妮鼓勵他們讀課外書，課外書的知識含量極大，雖然還沒出現在當下的教科書裡，但卻為有系統的課內知識儲備理解的素材，這是成績黑馬出現的奧祕。

考試導向的學習限制了對知識的吸收，所以我們刻意不讓學習和考試畫等號，只把考試成績當成參考，不會特意去要求。考了高分，就是上課都懂；考了低分，回到評量的精神，看看需要協助的是什麼。因此考試就變回協助學習的工具，篩選的形象被淡化，排名變成學習進度的客觀位置，而不是競爭的工具。更重要的是，累積知識是為生活方法鋪路，知識和方法是一體兩面。考試成績只是短期的成就，培養知識能夠找到方法，才是一輩子的效果。

現在家裡沒有豬雞鵝鴨魚鱉，就來實作不起眼的日常家務，幫忙庭院菜圃裡的少少農務，還有對現代社會現象的討論聊天。把考試和成績放一邊，讓孩子純粹面對生活智慧增加的快樂。

回到前面諾亞的提問，我說：「看到了吧！知識體系就是個巨人，你爬到他肩膀上也站得蠻穩的，所以開始比我高了！好讚！」

他情緒稍緩後，說：「我去查查看，問到了就跟你說。」過了幾天，兒子跑來告訴我的確有比熱大於一的物質。

漸漸地，我們和子女之間的討論更像是分享。我懂的就回答，如果不懂，就請他們教我。他們解決不少我多年來的疑惑。

後來，他們三人在聊天討論中，發現僅僅從我的發語詞，就知道他們提出來的問題我懂不懂了。

當我說：「嗯，好問題！」他們就知道：「這問題爸爸懂。」

當我說：「哇，這個問題有意思！」他們就知道：「哈！爸爸不懂。」現在，他們講的很多東西我都覺得很有意思。

深入的提問與對談

上一章討論策略S狀態定義的最後兩句話：察覺事物的條件和狀況，接著轉換為成長發展的策略。也就是心境從落差轉為策略後，子女可以**使用理性，尋找有證據、有邏輯的知識，並基於合適的知識找到方法，以滿足策略的布局來完成願景V**。這種透過知識找到方法或工具，讓V能夠好好實現的狀態，我用「Approach」（A）來代表，它的中文語感包含了：方法、途徑、逼近、靠近。A狀態中文簡稱為方法（見下頁圖8）。

Approach既是途徑，便是有前因後果的邏輯思考過程。現代知識體系由邏輯關係建立起來，有正確的知識才能找到明確的方法，千變萬化的現象都有符合邏輯的關係可以釐清。從系統動力學的角度來看，V和S狀態屬於天馬行空、難以預期的

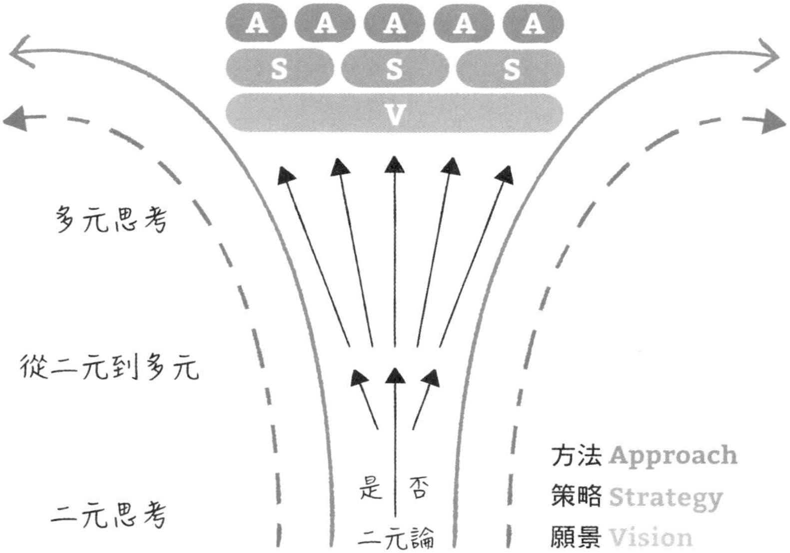

圖8　方法（Approach，A）出現了。

非線性（nonlinear）關係。A的狀態則是有順序的線性（linear）關係。當邏輯關係不明確時，可以透過反覆的推理和嘗試，將線性的因果關係梳理出來；如果有機會做實驗當然更好。而現在書籍多，網路資訊也容易尋找，陪著子女上網尋找資料、觀看知識性影片，也能取代實驗找到邏輯關係。

要是子女有了邏輯關係的思考力，能從關係找到條件，有條件就能做判斷，而正確的判斷多了便能累積智慧。在課堂學習後，子女需要在腦中把知識之間的關係連結起來，這需要花不少時間。然而若時間用在應付過多的考試、補習、學才藝，留給大腦消化知識的時間反而被剝奪了。

子女有了自己決定的願景V，加上有安全感而形成的策略S，接下來就進入因果邏輯推理的方法A。**但家長面對子女成長發展的問題時，不免急著講理，常常略過V和S直接進入A講道理，結果變成令人討厭的說教、填鴨，甚至雞同鴨講。**

會提問，就代表在意

會提出問題是好事，因為這代表出子女有在意，也就知道後頭有個產生動力的願景V。華人的教學文化不鼓勵提問，認為浪費時間，學生間也會冠上愛現囂張的評價。但這卻讓學習欲望和動力慢慢被捏熄，最後只是應付考試拿成績，變得像牙膏，有擠才有成果，不擠就縮在裡頭。

談親子教育的書，常提醒家長不要孩子一回來就問成績、問考試、問作業，但這也是因為家長關心子女在校學習的狀況，所以我的做法是回應子女提出的各種問題，便能不著痕跡地關心子女的學習狀況。

子女提問的內容，大致有兩種：學校會教的，與學校不會教的。這兩者我們都認真對待。學校將來會教的就當做預習，已經教的就當做複習。如果是學校不教的，就是幫助子女擴展眼界。也因為認真對待，不但能打開親子話題，也能參與他們的學習生活。另外，從知識與生活的關係來看，則有四種情形：

1. 生活上發生的事，學到的知識可以解釋。那麼，知識容易得到子女的認同。
2. 生活上發生的事，子女的知識量無法解釋。可以引發孩子的好奇心，我們一起找知識來解釋。
3. 未來生活才會體驗到，但已經知道的知識。用我們的生活經驗來分享知識，也對照子女的生活經驗，博取他們的認同，也能強化子女對知識的尋索。
4. 未來生活上也許不會經驗到；或太抽象的知識。這是很大的挑戰，但卻能幫助子女建立抽象思考能力、拓展思考空間。還好現代網路資訊發達，加上大人的引導技巧，就能探索更高深的學問。

提出問題，就是心裡在意、在找思路。問題愈詳細，路徑起點就更清晰。認真對待準大人的問題，不但能保持願景V的動力，也能讓子女常常能滿足策略S，更能累積方法A的底蘊。當然，生活上有許多不同狀況發生，如果要應對更複雜的情境，就需要和子女有深入的提問與對談。

東西會動，都有原因！

孩子們從小愛觀察，諾亞上小學後，看到一些事情就會很興奮地講給我聽，我也聽得興味盎然。他和哥哥也會發揮想像空間，用家裡的生活用品創造武器、飛行器、機器人等小男孩愛的東西。

「爸爸，我做了會發射飛彈的飛機，它會自動發射飛彈，然後就自動打中敵人。」或是「爸爸，你看這是我做超厲害衣夾機器人，它會自動找到怪獸，然後自動夾住打敗牠。」還有「這隻噴火龍，會自動噴火欸。」我稱讚兄弟倆做的機器真強大，也一起欣賞他們引以為傲的心血。父子三人的互動充滿童趣。

除了自造玩具，那陣子諾亞也開始描述觀察注意到的事物：「爸爸，車子從停車場出來時，那個柵欄會自動打開欸！」去機場看飛機，他說：「爸爸，飛機起飛時，輪子會自動收起來，肚子和翅膀下的艙蓋也會自動合起來。」春節前，家裡每年都要用高壓水槍清洗外牆，我搬機器拉好水線，也會請諾亞幫忙打開開關，他說：「我知道開關在哪裡，按下去，水槍就開始自動噴了。」我覺得這樣的觀察和表達還滿好的，但總覺得有點怪怪的！

有天我們去大賣場，進門搭電扶梯上樓。踩出電扶梯回望，我順口問：「為什麼剛剛進來的時候，那個門會打開？還有，本來電扶梯是停的，但靠近時就動了？」

兄弟倆不猶豫地說：「啊？因為它們都是自動的啊。」

我愣了一下，心想：「哎呀！我知道哪裡怪了！這樣不行！」我蹲下去，嚴肅地對他們說：「沒有自動這回事！所有東西會動都有原因！」

我這代在鄉下成長，很多生活事物得自己動手。綑草（綁芒桿做柴火）、拉犁阿尬（二輪拖車）、打水、開灶起火、燒水、煮米……。隨著科技發達，輔助工具逐漸發明出來，從生活不便直到處處便利，引起我的好奇心想去弄明白後頭的道理。而九〇年後出生的子女自小就習慣便利生活，如同空氣般難以察覺，身在福中是常態，直覺事情自動發生是理所當然。

過去的進步是物理世界的硬體設施，看得見、摸得著，但現在社會轉變為智慧工作、自動化工具愈來愈多，而且集中到數位設備控制，拆開也是一堆ＩＣ晶片，藏在內部的是抽象的程式演算；就算是機動器具，也經過很好的設計美化，不易窺見機構部件。所以更需要刻意提醒子女，事物運作都不是理所當然的自動。

當然，外在生活條件提升後，更容易看出人類生活期待的原點，是為了「幸福感」。幸福感除了滿足外在物質條件，現在更強調是人的心理滿足，這些展現在人際相處、溝通協作、系統管理、國家治理等方面，它們最終都牽涉到大腦心理的議題，又都回到抽象的感受力和理解力。近幾十年來，社會科學與大腦科學都發現，人類的心理動力運作也不是自動的。因此，為了讓子女知道察覺這些抽象的道理，避免思考惰性，我一定提醒他們「所有事物會動，都有原因，也會有邏輯關係」。當「不會自動」變成了常識，提出問題探索才會成為自動的習慣。

因此，我帶兒子們走回入口自動門旁，請他們細細觀察門為什麼會動，並且講給我聽。父子三人就在那邊站了半小時交頭接耳，現在想起那個場面，在路人眼中也許覺得好笑吧。

別太快把事情解釋掉

太容易得到答案會造成思考的惰性。很快得到解釋，也是一種答案。

諾亞一向自信話多。小學六年級，放眼望去全校大多是學弟妹，傲驕之氣更加明顯。回到家裡，餐桌邊也是處處高見，就讓他盡情發表，反正這年齡總有其自尊自大，無甚不妥。

有次亂聊談到全球暖化，他很有把握地說：「就二氧化碳排放太多，造成溫室效應，然後就全球暖化了啊。」我問為什麼二氧化碳會造成溫室效應？他信心滿滿地說：「因為二氧化碳會鎖住熱能，讓熱能留在地球上，無法散發啊。」小六學生程度這樣回答還行。

話題又扯到為什麼林肯解放黑奴，卻會造成南北戰爭的衝突：「因為美國北方比較工業化，而南方主要是農業，需要工人下田啊。」嗯，這樣講也可以。

再聊欣賞梵谷的畫作，怎麼會有種奇幻感，他說：「因為他有精神病，所以他能看到和一般人不一樣的世界。」

幾次下來，我覺得他給答案的速度很快，但快得很奇怪。一般人也許覺得他真聰明，懂得真多，但我還是覺得不對勁。有一天，我拿回二氧化碳造成全球暖化的問題來聊。我問他：「為什麼二氧化碳會造成全球暖化？」

他說：「這個之前聊過啦，它是溫室氣體，會把熱能鎖在大氣層裡散不出去。」

「就這樣嗎？」我說。

「對啊，大家都知道就是這樣啊，不然咧！」繼續傲驕。

我瞬時板起臉，說：「你太快把它解釋掉了！你好像有答案，但其實不知道是怎麼回事。」

有理解才有真知識

考試導向的應試教育，為了讓學生速速取得好成績，能得到答案最重要。要答案，等而下之是用背的，但考完就忘。一般是給現成的圖表、邏輯、公式，讓學生藉以推導出答案，但「現成」就是包裝精妙、適用範圍更廣的答案。理想上，教學是引導學生思考條件與邏輯，推演互動，最後得出答案，這才是完整的過程。學生心裡一旦有了答案，在意的分數被滿足，落差消失，學習的動力就沒了。於是教學體制只好用比拚成績來製造外在落差，擠壓學生繼續準備考試。

因此，我希望諾亞真的理解什麼是溫室氣體，就說：「來，你知道嗎，二氧化碳造成全球暖化的過程是很複雜的……。太陽用短波幅射加溫地球，地球會把多餘的熱能變成長波輻射（紅外線）反射回外太空降溫。其實，大氣層保存熱能的主要角色是氧分子和氮分子，而因為分子結構的特性，紅外線會跳過氧和氮奔向外太空，氧和氮基本上接不住熱能。但紅外線打到二氧化碳分子時，二氧化碳的結構會受到影響而開始亂動亂撞，當撞到氧和氮時，會把能量傳給氧和氮，於是熱能才留下來。這些被紅外線打到就會亂動的分子其實不少，甲烷、臭氧、水蒸氣都是，所以它們也都算溫室氣體。但二氧化碳因為人類使用石油能源而大幅增加，所以變成留住太多熱能的關鍵角色。」

諾亞說：「爸爸，所以溫室效應是溫室氣體和氧、氮合作的結果囉？」

「對！你聽懂了欸！」我又興奮起來：「而且，溫室氣體和溫室效應都是中性的，如果沒有溫室效應，地球反而會冷到無法居住。現在問題是因為溫室氣體過多啦！」兒子點點頭，長知識了。之後，他除了給答案，也會給問題，再用邏輯推演過程。原來，答案背後有好多事要弄清楚呢。

這些尋索與推論，會不斷牽扯出更多知識節點，使子女的見識跟著成長發展，心裡的空間變得更加寬廣，好安放來自四面八方的知識，累積自己的理解與洞察力。

解壓縮知識的能力

「資優生」是不少家長欣賞的身分，很喜歡子女考入各種名目的資優班，加入榮耀陣營，所以報名人數常擠破頭。

因為家姊的關係，我也開始思考「何謂資優」？多年前讀了些有關資優的文章，有眾說紛云的討論和定義。在陪伴超級學霸或是成績溺水學生的經驗裡，我對資優的認識是：有能力理解高密度的知識，掌握專業或複雜名詞的能力，能在腦中形成清晰的解釋系統，能用它來解釋或解決問題，並提出進一步的問題，能看到大架構的神奇威力，也能看到藏在細節裡的魔鬼。我形容這是「知識解壓縮」（knowledge extraction）的能力。績優（成績好）和資優不一定畫等號，績優看來厲害是因為能很快給出正確答案，可以是補習得來的短期效果；資優則是能把知識完整串接起來，而且看見自己思考的過程。這除了不斷吸收知識，也關乎到後設認知的覺察力。

日常生活就可以培養這些能力。三個子女自幼開始，我們會正常用字遣詞，避免用疊字娃娃語和他們講話。另外，無論是學校裡教到的東西、書本讀到的內容，以及生活中的事物，要讓新名詞出現在日常對話裡。舉例來說，麻吉三歲時很愛工程車輛，看到時我們會說：挖土機、推土機、預拌水泥車、貨櫃聯結車、拖板車……很明確的名詞。帶他玩挖土機時，除了模仿乒乒乓乓、轟轟隆隆的機器聲外，也會說：「駕駛室」裡的「操縱桿」，會連到「引擎室」的「液壓幫浦」，帶動「液壓桿」推動「挖臂」上面的「挖斗」，就把沙子挖起來了。我們會刻意當成生活用語，在潛移默化中讓他們習慣語詞的豐富程度。

又例如電風扇快轉時，手指放到風扇中心不會怎樣，但扇葉邊緣打到會痛，這是因為「角速度」雖然固定，但「切線速度」會因為「半徑」增加而變大，「動量」隨之變大。所以離中心愈遠，打到就愈痛。

再例如燈光離桌面愈遠就愈暗，東西會看不清楚。如果買了比較高的枱燈，就要挑亮一點的才會夠亮。這是因為「照度」與「距離平方」成「反比」，所以如果距離遠了兩倍，照度會變成原來的四分之一，眼睛瞳孔要放大才有更多光線進入，但瞳孔放大會使「景深」變淺，書就看不清楚了。

括號裡的語詞乍看是晦澀難懂的術語，要想一下才會懂。沒錯！這是為子女不害怕術語打基礎。因為術語知識密度高，有許多需要解釋的細節，對知識的吸收很關鍵。上方兩個例子，是用日常電風扇和燈光的經驗來談，再轉換為科學術語，可以讓子女理解現象與術語之間的關係，就是把現象「壓縮」到術語裡去。而當他們看到術語時，可以還原到生活經驗去對照別的事物，這就是「知識解壓縮」的能力，也是描術細節的能力。

回到討論全球暖化的過程，就在做「知識壓縮」和「解壓縮」。形成全球暖化有大大小小環環相扣的邏輯，描述的過程也包含許多術語（如長、短波輻射）。我們家晚餐不看電視而有談不完的話，因為光是「壓縮」和「解壓縮」，就有太多內容可以聊了。

從聊天當中「解壓縮」，也是在培養子女「描述細節」的能力。在引導學生時，我也發現必須有深度的談話，才可以逐步整理出學生的願景V、策略S、方法A。許多心裡以為清楚的事，講出來才發現其實不清楚，反而會看到漏掉不相連的環節。而本來就不清楚的學生們，更是在談了之後才能慢慢整理清晰。無論哪一種，都需要描述許多細節，才會把他們心裡分散破碎的思考相連起來。

因為感受和想法多，整理好的想法歸納統整起來，也需要壓縮打包成某個語詞，例如「全球暖化」就是一個壓縮了很多概念的詞。其他像文中提到的「駕駛室」「液壓幫浦」「挖斗」「角速度」「切線速度」「動量」「景深」等也都是，限於篇幅，此處僅用自然科學的術語來談壓縮和解壓縮，其實人的情緒和感受的表達也會有壓縮和解壓縮的情形。必須「壓縮打包」才能夠繼續整理更多的想法，否則會亂成一團。我不但鼓勵學生描述細節，也不厭其煩聽他們整理，當學生用詞愈來愈明確精準時，我就知道他弄清楚了，這也是訓練獨立思考的過程。等他們明白想法，就能看到事物在心中的合理性，擁有不被別人的偏見影響的獨立思考能力。

知識會連結成網

壓縮知識和解壓縮的能力，是掌握專業能力的基礎。讀大學培養專業能力，是家長對子女能夠有好工作的期待，因此我也常遇見積極超前部署的家長。

有次書院新生家長會，某個媽媽中場休息帶著兒子靠過來：「許老師，你剛剛講到專業工作和書院教育的關係，我非常認同。但我兒子剛進資訊工程學系，這麼專業的科系，專心投入還是比較好，對不對！」家長的開場白不像問句，比較像要找人背書，我笑瞇著不搭腔繼續聽。

「所以啊，開學前的暑假，我就叫他去報名補習寫程式。」家長很有自信：「高中剛畢業，早點開始學寫程式，會比同學懂得多，老師才會欣賞他，就有機會拿到好成績。」我心想滿積極的，也不錯。

「但我家兒子竟然說不要去補習，我都快氣死了。」原來有反差！她兒子望向旁邊，不與我的眼神接觸。「不去就算了，竟然還去餐廳打工端盤子快一個月，這跟資工差太多了啦！家裡不缺錢，他就好好上補習班，我零用錢照給啊。」

還真的是想找我背書叫兒子去補習。我瞇笑著轉向學生：「你在餐廳工讀，覺得怎樣？」他轉頭過來笑笑不置可否，因為不知道我站在哪邊。「你做了快一個月，看來你應該算喜歡囉！」學生看著我，表情在判斷究竟是敵是友。「對了，你打工的餐廳有用POS系統[1]吧？」

學生張大眼睛，發現我是友軍：「老師你知道POS喔？當然有啊！每天都在用，點餐收銀、廚房出餐都靠它。」換媽媽迷糊了，這老師是敵是友？

我轉向家長：「他這樣打工很好啊。他有現場服務和使用POS系統的經驗，兩邊可以連起來，就是一種系統分析的入門，比較可以理解POS的程式要怎樣寫呢。」媽媽看不到的角度，我單邊眼睛對學生眨了眨，學生雙眼感激回眨了兩下。

有知識，才能講道理找方法

台灣的大學是專業導向，學生屬於某個科系學習特定專業。但分科最明顯的副作用是學生只懂自己科系的知識，跨界隔行如隔山。畢業工作後發現知識互相交織，很難一技走天下。例如資訊工程表面是架電腦、寫程式，但客戶可能是餐廳、賣場、醫院診所、玻璃廠、汽車廠……各有不同需求。再以法律為例，如果IC晶片設計公司打專利侵權官司，律師必須理解IC設計原理；海上輪船碰撞事故，律師必須理解船舶原理、水文學、海洋學、氣象學……這些例子不勝枚舉。專業知識加上跨界的知識理解力，才會更有力量。

二〇一〇年英國牛津大學貝里歐書院（Balliol College, University of Oxford）

院長安德魯・葛理翰（Andrew Graham）來台交流，我們問他牛津大學三十幾所書院是如何做博雅教育（liberal arts education）[2]的？不料他率直地回覆：「沒有，我們很專業，不做博雅教育！美國的博雅文理學院才做。」他對著驚訝的我們解釋：「英國的博雅教育是在高中階段做的。」

高中開始就要接觸廣域的知識，才能探索專業的興趣是什麼。上大學後的專業知識非常深入，要花四年鑽研才比較專精有厚度，也才能掌握方法和工具。現代人難免參與組織的運作，在分工細密的社會，專業之間也要協同合作。科系專業是深度，博雅跨領域是廣度。專業是硬技術的細節，而博雅是宏觀的全局。有博雅跨界成為土壤，專業的樹木才能長得高壯。

一九八〇年代起，各國與台灣都注意到跨界知識的重要，推動通識教育以打開

---

1 Point of Sale，銷售時點資訊系統。餐廳、超商、賣場的結帳收銀機器，可以記錄各種購買行為、庫存更新，能蒐集到很多重要的資料，做為經營銷售策略判斷的依據。

2 原指涉一個自由的古代西方城市的貴族所應學習的基本學科。在台灣，博雅教育在概念上雖然與通識教育類似，但博雅教育目的在培育「統一的人格」；而通識教育目的在達到「統一的知識」。博雅教育強調師生間的互動學習，是一種教育觀、教育形式與教育實踐的總和。

學生的知識面。到了二〇〇〇年左右，學界反省發現通識教育並不成功，因為變成了進補用的營養學分。二〇〇八年前後，台灣的政治大學、清華大學、東海大學、中正大學、高雄醫學大學等陸續成立書院，期待藉由書院讓不同專業領域的學生住一起，人際互動與分享才能整合知識。知識不會整合知識，人才能整合知識，因此我常開玩笑說書院是個「整人」的地方。

有知識、邏輯才能講道理，找到合適的方法A，滿足策略S來解決問題落差，最終完成家長子女在意的願景V。這章從教學體系的運作來談知識、方法和工具，它們來自許多談邏輯、講道理的論證。其他在心理情緒、人際互動、媒體溝通、組織治理、政治權力、社會文化、國際現勢等領域也有許多知識、方法和工具。面對教養子女的挑戰，也要從這些知識中找到合用的工具，讓家長和子女的互動能夠講道理。

家長和子女都在面對複雜又多元的情境，專業知識加上廣域博雅，會成為應對未來生活的根基。下一章，我們來談具體的行動實踐，讓真實的世界出現期待的結果。

本章重點

- 方法A是使用理性，尋找有證據、有邏輯的知識，並基於合適的知識找到方法，以滿足策略的布局來完成願景V。
- 會提問是好事，因為代表子女有在意，而在意了才會有動力。
- 當「不會自動」變成常識，提出問題探索才會成為習慣。
- 術語，就是把觀察到的現象和邏輯「壓縮」的結果。子女看到術語，可以對照到生活經驗，就是「知識解壓縮」的能力，也是描術細節的能力。
- 教養子女，也要從知識中找到合用的方法，讓家長和子女有能夠講理的互動關係。

學習與反思

- 想一想，很多時候我們想跟子女講道理，但卻升高了衝突，為什麼？
- 和子女一起討論，怎樣調整面對考試排名的態度，改成幫助他們成長發展的態度？
- 想一想，你的孩子常常提問題嗎？即使不常，當他們提出問題時，你回應的習慣是什麼？
- 俗話說「事出必有因」，就是事情不會自動發生。請家長回想一下，有哪些從小就讓你帶著疑惑的事沒有得到解釋？也鼓勵子女把他們的疑惑提出來吧。
- 你會害怕術語嗎？為什麼？現在開始，嘗試每天和子女一起弄懂至少一個新術語吧！

第 7 章

落實執行，讓期待的結果發生

五官七覺是成長發展的天然管道

孩子的成長與發展，出母胎立刻啟動。空氣衝進肺部，被迫第一口呼吸的哇哇大哭。媽媽三十七度體溫和產房二十度溫差的冷冽。視、嗅、味、聽、觸覺，加上心裡的情緒感受，全面啟動腦中的覺察與思考，敏銳的感官就是天生精巧完整的學習工具。阿妮與我有共識，小孩的外在行為都是對感官刺激的回應，也是渾然天成的學習輸入。只要順勢而為陪伴，孩子就能長得機靈。

生活常用的抽取式衛生紙，大人隨手抽取，幼兒總目不轉睛注視，一張抽走，下張神奇再現，很能引發興趣。當時有朋友抱怨，小小孩手指動作變得俐落，愛趁大人不注意時把衛生紙抽出來，一張擲飛再抽一張。等到爸媽看見，已經到處散落，只好藏起來避免混亂，但日用的東西哪能離開太久，不久又回到孩子身旁，再次飛抽散落，又不忍心大聲阻止，都要玩夠了才停，不斷收拾，不勝其擾。

家姊大到喜歡抽紙的時候。我和阿妮想了想，決定讓她抽個痛快，一次滿意，永遠滿足。那晚，我們準備五、六包兩百抽衛生紙圍繞在床上。才剛放好，她就開始抽。張張連張，飛速而出，很快抽完一包，送上第二包，出紙速度絲毫不減。第三包、第四包、第五包……粗估差不多抽出一千張。家姊被團團圍住，裹著白色睡袍和紙山融為一體，真像漫步在雲端。當晚玩夠有了手感，以後再也不抽。將近千片雲朵，阿妮和我耐心重新摺好，放著慢慢用，一張都沒浪費。

後來，也打算讓兒子們漫步在雲端，沒想到兄弟倆興趣缺缺，沒抽幾張就玩車子、恐龍去了。倒是外出時常發揮男孩本色，哪裡有趣哪裡去。有次到海灘玩水，途經一片草皮剛好灑水器在運作，麻吉跑去對著噴水頭玩。我們停下來，看他用手、腳、頭、胸輪番湊上去，把自己渾身噴了一遍。同行好友驚訝得杏眼圓睜，阿妮好整以暇地說：「出來玩難免弄濕弄髒，我們有備用的衣服，等等再換就好。」後來下到海裡玩水，玩夠了要換掉濕衣服，但乾沙粘在身上甩不掉，拍拍又粘在手上。麻吉發現沙子有趣，接著用小腿粘沙子，看他小心翼翼，我和阿妮覺得這樣感受不夠強烈，吆喝說：「打滾啦，這樣比較好玩！」他便放肆滾進沙子，沾滿全身。再補一句：「小心眼睛不要噴到沙子。」朋友覺得匪夷所思，阿妮溫柔回應：「等等找水把身子洗乾淨就好，備用的衣服還有幾套，不擔心。」

人的肢體和感官，會觸發心中的感受、思考與連結外界的真實世界。我們鼓勵孩子從小盡情跑跳伸展，在肢體動覺中建立感覺統合。感覺統合來自五官七覺，這是很重要的關鍵。為了讓孩子從小在動作發展、感官經驗、情緒調節以及理性思考都有豐富的發展，我們放手讓五官七覺刺激孩子的大腦。讓他們凡事看得見、聽得到、摸得到、聞得到、嚐得到，因此三個孩子小時候精力充沛，總讓他們有跑、跳、看、摸、聞、嚐、喊、聽、騎、滑……的動詞總集合，但要事先定好界線，才不會無惡不做。

前面從討論願景V、策略S、方法A的過程中，漸漸看到多元思考如何分化出來。建立多元豐富的思考能力，才能面對真實世界多元而複雜的面貌。人類與生俱來的七覺，就是用來感受多元世界的最好工具。雖然感覺統合理論的出現，是為了治療學習障礙的兒童，但追本溯源也是承認七覺正常運作是讓人好好生活的必要基礎。因此，不要等到子女有問題才想辦法，而是順水推舟直接讓七覺好好發展。更進一步地說，五官七覺根本就是天然又多樣的學習輸入（learning input）管道，放著這些與生俱來的工具不用，實在太可惜了。

讓事情發生的行動

教育界有一句傳頌甚廣的話叫「做中學」（learning by doing）。人心裡的思考和想像，要用具體的行動檢驗，把它變成現實的結果，也就是心想事成。子女肢體動覺和感覺統合的成長發展，就是在培養「動」和「做」的能力。找到方法A之後要實踐，從生活需要中刺激成長發展，還要與別人合作，最後讓自己有創造出成果的能力。

「做中學」還可以擴展到社會哲學的討論，對應到「能動性」（agency）一詞。能動性說的是人們在思考過後，用自己的眼光來認識世界，擁有意志與力量去改造世界的能力與活動。用口語說「能」「動」也是很貼切的講法。子女成長到準大人的過程，也是在發展自己能動性。能動性強的子女，知道自己的行動會有作用，能對現狀造成改變。而能動性不足的，看來就是無所謂、隨便啦、不想動的態度，更嚴重是變成了「習得性無助」。

第一章提到獨立的樣子，是「在善意前提下，自己能想得清楚，說得明白，靈活應對，動手做到」，就是想清楚自己的願景V，承認落差並說明白什麼是策略

S，接著有深廣的知識去找到合理又多樣的方法A來應對。再來就是**基於合理的方法A，執行實際的行動，讓子女按照自己的V在現實世界產出結果**。這個狀態我用implementation（I）一詞來描述。它的語感包含了執行、行動、履行、實施、部署、應用，讓心裡所想的結果可以發生（見下頁圖9）。

消失的行動能力與體驗精神

在澳門工作第二年，有次回台休假。返澳時，飛機乘客約有三分之一是講粵語的年輕人。身邊也坐了個男生，原來是放寒假準備回澳門。話匣子打開聊了起來，得知他在台中讀大學，這下距離拉近更好聊。拉拉雜雜談到他從小在澳門長大，來台讀書是首次遠途離家。我想這太能聊聊澳門與台灣的生活體驗啦，便問：「你從小住澳門生活，我對澳門還不夠熟，你講講澳門哪些有趣、好玩、有意思的地方，我想多了解一點澳門。」一真期待他的回應。

「澳門太小了，沒什麼好玩的。除了上學放學，到督課中心，接著回家，我哪都沒去，不是很熟欸。」一同學語氣平淡地說。

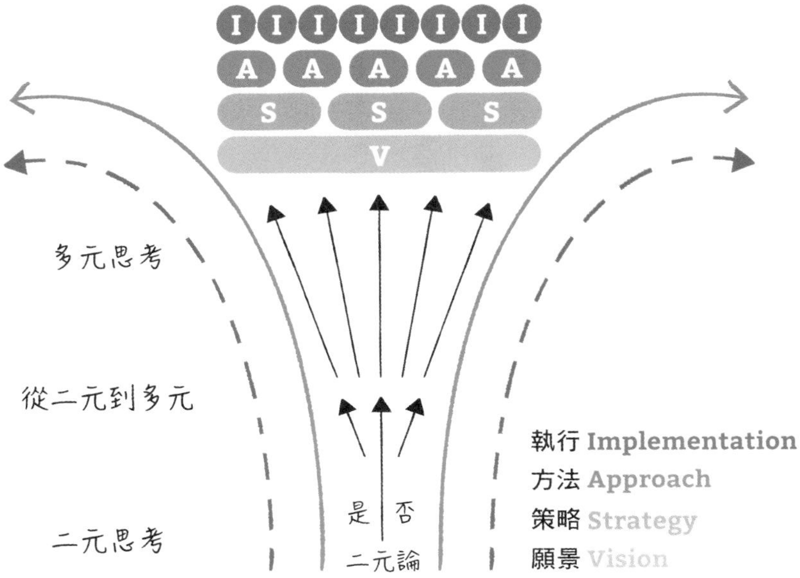

圖9　執行（implementation，I）出現了。

我一時語塞，想了想便換個方向問：「你在台灣也生活了快三年。很想知道你去了台灣哪些地方？認識了哪些人？發現哪些有趣、好玩、有意思的事？」

「台灣太大了，交通不方便，我哪裡都沒去，所以也不熟。」同學語氣還是平淡。我心裡真是太驚訝了，從來沒想過會是這種回應。

我還聯想到另一個經驗：剛到澳門幾個月，我就留意到學生對本地社會歷史文化經濟的了解很貧乏，便設計了認識澳門百態的踏查行動，走訪自己不認識的澳門，期末再把發現跟大家分享。我請他們分好組並為小組命名，下課時各組交名單。其中一組寫著「是旦」（唸si-dan），我問同學什麼意思？原來是粵語的「隨便」（就如台語「請裁」）。

我態度輕鬆地說：「你們可以隨便取組名啊，自己決定都可以，但我不幫你們決定啦。」

「不是啦！老師，我們的組名取好就叫是旦啦。」哇！我從沒想過這樣命名。

馬上又一組交上來，組名大大寫著「隨便」。我說：「你們這組該不會就叫隨便吧？」學生們波瀾不興，說：「對，就是！」

「不可以，因為他們那組也是隨便。」應付的態度差點讓我動氣，但更多是不理解。「老師，可以啦。他們叫是旦，我們是隨便，不一樣。」當時還不夠認識當地的年輕人文化，決定先接受自成其理的隨便是旦，後續再來看是怎麼回事。

飛機上聊天與隨便是旦，讓我再次看到學生沒什麼動力去探索事物的現象。澳門因為地小人多又集中，特別容易看到。但我長年觀察台灣、大陸、香港的學生，以及與各地老師交流，與同事進行個案討論時，看到年輕人「不想動」「沒能力動」是當前世代需要應對的重要問題。

學生缺乏動力，關鍵因素除了直升機與恐龍家長過度照顧，還有老師和家長們不鼓勵學生從小去動、去挑戰，原因不外乎是怕受傷、好管理。而澳門地方小、活動空間少更難亂跑，也加劇這現象。這情形並非澳門獨有，主要是因為行動機會常被剝奪、減少，造成行動能力被消磨殆盡的共同結果。

缺少行動能力，也會阻塞肢體動覺與感覺統合的管道，從而削弱感知能力，對環境的豐富事物無感。身體的成長需要食物和養分，大腦則需要感官刺激，感官刺激可說是大腦的食物，它引發運動神經作用，提供大腦活力，最終將各方多樣的訊息整合起來。因此，感覺統合不是小孩的專利，是人類大腦必要的功能，教養子女成長要善用天生的感官工具，透過肢體動覺與感覺統合來協助大腦發展。

行動，帶來豐富的學習輸入

肢體動覺與感覺統合，也會連結心腦思考與真實的世界。透過五官七覺來開展感知、輸入外界資訊，認識世界複雜的樣子，會在腦中埋下多元思考的素材。

有次和書院同事在校園散步聊天，她四歲多的兒子一起跟著。校園空間大，男孩騎著帶輔助輪的小單車直衝，沒想到他一急彎，車子立時側翻，人也往地上摔，還好有護具所以沒受傷。小男孩笑著爬起來，又開始衝，到了定點，又急轉彎讓自己側翻了過去。來回幾次，有時候翻車，有時沒翻。媽媽看著兒子，好氣又好笑又不解，說：「都有輔助輪了，還能騎到翻車，這小孩是怎樣啦！」

我回答：「他在測試每種速度的最小迴轉半徑。」同事看著我大笑，我也跟著笑了，心中默默想著：你兒子身體有精密的感測器；繼續練感覺統合，會變成很好的自動控制系統。

孩子五官七覺的感知能力是豐富的，可分解成各種形容詞：高、快、滑、刺、燙、香、臭、吵、痛、電的麻、壓力、摩擦力、衝擊力等。大人為了避免危險，只管禁止；或是沒有解說教導，放任他們行動。這會妨礙五官七覺感知輸入大腦，剝奪建立知覺敏銳度的管道，連帶失去刺激思考的機會。前面提過「過度的安全讓靈性死亡，過度的不安全讓生命死亡」，感受能力消失了，靈性也就死亡了。

教學體制用教科書傳達知識，但內容都是被壓縮簡化過的，除了壓縮簡化為文字、靜態圖片，行動體驗也壓縮到只剩用考試來評斷。教室只是模擬和想像場景的空間，即使採用了視訊音訊網路，仍然是虛擬世界。原初知識存在於真實環境中的日、月、金、木、水、火、土、電、空氣……，行動當中帶動五官七覺，是用豐富又多面向的方式輸入知識。相形之下，教學體制壓縮到剩教室聽課和平面媒體，輸入方式實在太單調了。而肢體動覺，則能夠為子女提供豐富多樣的解壓縮管道。

耐心等候飛輪效應

準大人心裡常有許多希望發生的事，有的一腔熱血但行動混亂，有的是瞻前顧後遲疑不動，有的空有動力卻不知道方向。這些可以利用願景V，策略S，方法A的思路來梳理和準備。但當子女進入執行I的行動狀態時，首先要確保他們能夠動起來，就算踩剎車也不是要阻止，而是確認與慎謀。家長此時的角色更像是汽車起動馬達，讓子女的引擎能夠順利啟動，啟動後即刻退開，讓事情在子女手中發生。後續則像油箱確保源源不斷地加油，讓引擎持續運轉不熄火。實踐行動開啟後，接下來許多連鎖反應會接二連三發生，如同引擎裡的沉重飛輪，啟動很費勁，但當轉到超越臨界速度，累積蘊藏的動能就使它停不下來，子女能力的發展就持續下去了。

我和阿妮會利用各種活動來保持三個子女的動能，原則就是把V、S、A的狀態都討論好，接下來想動就動。家姊參與表演藝術投入演出，在登山社熟登台灣山岳，去連鎖小吃店點餐端盤洗碗接觸各色人等。麻吉房間滿牆隨意塗鴨，去機車行當學徒幫手修機車，做過攝影放大沖照片，下廚料理。諾亞參加機器人社團，練田徑玩跑酷，搞笑分享科學知識，主持活動，也沉迷於物理的數學計算。動手做出來，就是把自己活出來，有次我問家姊為什麼這麼愛登山？她只是淡淡地說：「因為能感覺到自己活著。」我喜歡這句話。

朋友們的教育行動

在書院工作中，有多位好朋友合作，帶著學生們打開五官七覺體驗真實世界，讓這些數位原住民有很好的虛實連結。體驗教育實踐家謝智謀教授和他的團隊，帶著書院和友校的學生前往尼泊爾做志工服務，過程當中他們必須做好許多準備，也應對各種出乎意料的挑戰。

對大學生來說，獨立完成海外志工計畫的複雜度非常高：經費籌募與說服簡報，財務管理與資源分配，持續的體力訓練，山岳天氣的地理知識，安全條件控制與管理，行程安排與應變計畫，建築服務的構材、當地學生教育課程規畫等。行前不間斷地上課、溝通與反思中，最終都要面對種種衝突並提出解決方案。

尼泊爾的海外學習的工作負荷很大，但書院不少學生也被感染了這種整合思考、獨立判斷、管理計畫、合作行動的風氣。為了延續培養有執行力的態度，避免煙火式燒完就沒的活動，書院學生必須完成「自主方案學習」（active project learning, APL）才能結業。自主方案學習是讓學生自組團隊，用大約一年的時間，執行團隊組員都在乎的自選主題。雖然每一屆的執行過程都是路程坎坷，但回顧結果無論成敗，真是讓他們在執行過程中打開五官七覺，懂得事情不會自動發生，也看見藏在執行細節裡的魔鬼。

好友鄭智明，是澳門體驗教育學會創會理事長，也和我一樣是書院導師。他整合了台陸港澳的人脈，二十多年投入戶外體驗與領導教育。儘管澳門面積只和台北市內湖區差不多，還有前胸貼後背的密集建築，活動空間很少，他卻妙手生花地開拓出許多場地，讓學生訓練繩索技術、攀岩、登山、獨木舟、急救、自然解說，進而到美國紅石峽谷挑戰裂縫攀岩，從體育技術中活化肢體動覺、感覺統合還有執行力。他結合義工服務，前往中國雲南哈巴進行雪地攀登與生活訓練，也騎單車到台灣花東進行偏鄉小學教育服務，過程中布滿了各種複雜的挑戰。

好友趙暐辰和張恩榕是年輕夫妻，在台中創立體制外的教育工作室，叫做「蒸氣試驗所」。該工作室像個小型工廠，有木工工具、金工工具、電氣工具、3D列印機，都是各式各樣貨真價實的機具，如鋸台、烙鐵、鑽床、研磨機、電鑽、起子機、砂輪機……應有盡有。但暐辰會很完整地教學生們如何控制機具，加上安全教學以及使用護具，放手讓小學員有能力使用這些工具。

暐辰和恩榕帶著學生一起創作各種突破想像的作品，像是：真人駕駛的風帆車、瓦斯炮、空炸降落傘、遙控飛機、投石機、機械鐘、桌燈，或是自己設計的家具等。學生跟著暐辰一起設計，實作的時候要顧慮到尺寸、精準度、運動原理、電流電壓功率、加工的順序和可行性。不像學校只坐著上課，物理歸物理、數學歸數學、藝術歸藝術，把這些技術融合一起出現，並帶學生探索各種領域的知識、學習各種研究方式，感受主動學習、勞動和享受樂趣的過程。

另外還有許多學生、朋友，他們都用勇敢的行動創造了精彩又不同的生命軌跡：有特技演員、調酒師、偏鄉實驗教育的推手、海洋生態保育者、專業攝影家、賣花生的攝影家、日本和印度的傳教士、音樂家、表演藝術家、諮商心理師、廚師、甜點專家、建築專家、文學作家、愛小孩的父母等。他們做的和原來讀什麼系不一定有關，但共通點是他們都有獨立的能力和生活的熱情。

行動需要花力氣，也會覺得疲累又麻煩。放手讓準大人階段的子女去做，而且做到發生結果，不僅可鍛練出意志力，最後也會從內心累積肯定自己的價值感。

去做，能做到，一直能做到

引導書院學生動手時，一定會討論成果，時常聽到他們對自己不滿，當然也常聽到他們自我安慰：「可是，我盡力了啊！」我會顧及情緒，也會繼續探究怎樣改善。但「盡力」聽多了，又讓我感到不安。

想當年我若事情沒做到，常常會被責備、否定、要求，很少聽到長輩對我說：「沒關係，你已經盡力了。」比較常聽到：「你沒做到！（沒考上／沒及格／沒通過／沒賺到）」當時心裡雖然難受，但想法卻是：「我要做到！（要考上／要及格／要揚眉吐氣／要贏）」

在潛移默化中，我知道「做到」比「盡力」重要。直到有能力「做到」後，長輩偶爾才說：「沒關係，盡力了就好。」我心裡反而在想：「可是我沒做到啊！」然後繼續拚。很有意思，聽到長輩說「盡力就好」時，會令人感到安慰、舒暢、重新得力。

這種感覺真好，所以我們後來會提前跟學生說：「盡力就好！」因為我們假設學生也會認定「要做到！」漸漸地，愈來愈多學生說「可是，我盡力了啊！」隨著更多出現的「可是，我盡力了」，讓我發現「做到」好像不再是預設的思考了。「盡力」不知何時變成廉價的出脫卸責之詞。

我見過很努力的音樂營隊，但成果發表時音樂拖拍，歌唱沒音準。戲劇表演，燈光錯位、換幕沒跟上、頻頻笑場。始業典禮，流程出錯、簡報不對題、音響脫線。聖誕晚會好幾段冷場，因為搞不清楚誰該上台。寫報導，採訪對象背景不清、時序錯亂、關係混雜，文章觀點不明。後來他們都說「可是，我盡力了。」我的回應是：「但你沒做到位！盡力，也要做到。」

其實，學生對於自己沒做到也會覺得很失望，連怎樣搞砸的都不知道，只好說出已經盡力來自我安慰。關鍵原因是：對過程沒有經驗，對結果沒有堅持！

結果，來自體驗後的眼界；過程，來自有方法邏輯的行動經驗。見識過好事物，才知道如何堅持好結果。常常練習，才會累積過程經驗。體驗和行動，都是由肢體運作和五官七覺合作達成。

聽來很完美主義？但子女終究都要學會做好做到，因為成長發展就是想清楚、說明白、靈活應對，把事情做到，累積出獨立的能力，並把善意回饋給環境。因此，執行I是讓子女先能動手「去做」，結果好壞暫時不重要。在做的過程中不斷嘗試，接著進展為「能做到」，最後變成「一直能做到」。有能力把事情做到，進入社會才能自雇當老闆或是被爭相聘請。

常有人探討什麼是「專業」？我認為是「讓好事一再重覆發生的能力」。廚師，重覆讓好菜出現；飛行員，重覆讓乘客平安抵達；攝影師，重覆讓好照片出現；老師，使學生一再獲得學習成果；學生，重覆取得學習成果；學者，理論和學說能被重覆驗證；牧師，重覆溫暖靈魂令人信仰堅定；家長，子女總是天天愛回家。如果好事不能重覆發生，是否就不夠專業？當然不夠！然而「重覆」意味著頻率。重覆頻率不高，那就需要持續練習直到頻率變高。若好事能重覆發生到百發百中，不就太簡單了？當然是！因為駕輕就熟了。因此需要升級，讓更大、更難的好事可以重覆發生。重覆執行到有結果，需要一萬小時的刻意練習，也練就出子女的恆毅力來。

前面四章分別用V、S、A、I的結構來談成長發展。但現實生活中，它們是交織組合、壓縮在一起發生，接下來看看組合後的樣子，還有他們在發展過程中的變動，更能解釋子女成長發展過程中為何有那麼多不如人意、心碎抓狂之處。陪伴子女的成長發展，的確是專業挑戰。

本章重點

- 執行I是基於合理的方法A，採取實際的行動，讓子女按照自己的V在現實世界產出結果。
- 人類與生俱來的七覺，是用來感受多元世界的最好工具。善用子女天生的感官工具，透過肢體動覺與感覺統合來協助大腦發展。
- 子女的外在行為常常是對感官刺激的回應，也是渾然天成的學習輸入。只要順勢而為陪伴，子女就能長得機靈。
- 從「去做」開始，不斷練習到「能做到」，最後變成了「一直能做到」。

學習與反思

- 想一想，你和子女在生活中，有多少「動手做」的時間呢？如果還不足夠，和子女討論看看有哪些可以做的事吧！
- 「過度的安全讓靈性死亡，過度的不安全讓生命死亡」，結合前面提過的「萬一」，和子女討論一下，他們會想去做哪些嘗試？做這些嘗試，要做好哪些準備與安全防護？
- 想一想，有哪些活動，是能夠結合五官七覺，順勢而為地產生學習效果？結合前一章談到的「術語」「壓縮」「解壓縮」，引導子女講出自己體驗到的內容吧。
- 不同階段的子女，學前、小學、國中、高中、大學，你鼓勵他們參與過哪些活動呢？你覺得活動量足夠嗎？如果有，很好！如果不夠，和子女討論看看還可以做哪些不同的活動呢？

第 8 章

長大，是從破碎變完整

教養的一致性

為了貼補家用，阿妮當了很多年專業保母，好口碑讓她沒有間斷過托育的工作。有幾年接到的托育是相隔一歲的一對姊妹。父母千尋萬訪，聽說阿妮帶小孩很有一套，先送姊姊來，也幫還在肚子裡的妹妹先預約了。妹妹出生後，乾脆搬到我家隔棟大樓，方便接送小孩以及討論教養的事。

小姊妹漸長，兩人天天粘在一起。當時我家三個在讀國、高中的子女，放學回家常會陪小姊妹玩。家長下班接姊妹，偶爾和我們共享晚餐後才回家，氣氛很好。但我們有個原則：家長一到，立刻交還照管姊妹的責任。

那天爸爸下班，姊妹開心迎接擁抱，回頭繼續玩原來的遊戲。家裡空間不大，小姊妹討論遊戲規則時，屋裡的人都能聽見。不知怎回事，有人破壞規則，一個大哭，不哭的那個倔強不讓步，先搶先贏。她們的爸爸一旁束手杵立，全無對策。

突然間，家姊、麻吉和諾亞分別從三個方向，分毫不差一起走到小姊妹身邊，同步說：「不可以！妳們剛剛講好的輪流規則，我們都有聽到喔！」語氣平靜。

燈光下三條影子籠壓，小姊妹變身溫馴小羊抬頭愣望，完全噤聲不哭鬧，搶的人乖乖把玩具還給另一個人。

小姊妹的爸爸驚嘆：「哇！你們家好一致啊！」停了一下繼續：「你們是怎麼做到的？」

好問題，我們是怎麼做到的呢？

沒有黑臉白臉的分別

這可以從家長扮黑臉、白臉的慣性談起。附帶一提：黑、白臉，也是一種二元論的慣性。

我們三個孩子還小時，吃零食也是鍾心所愛。但吃零食前，都要徵得我們的同意，但多數時間是詢問阿妮。

有天，家中零食櫃出現少見的零嘴，特色包裝、顏色繽紛，真有難以抵擋的吸引力。午餐後有小孩想嚐鮮，他離我近，順勢問我：「爸爸，我想吃那個零嘴，可以嗎？」

我差點要直接答應。想了一下轉念便問：「媽媽有說過那零嘴可以吃嗎？」他不假思索地回答：「有，媽媽說可以吃。」

鄉下空間大，聽到孩子的回答後，我扯開嗓門對廚房喊：「阿妮！零食櫃裡的新零嘴，妳有答應小孩可以吃嗎？」小孩直望著我，眼神怯怯透露著不確定感。

廚房傳來阿妮回應：「有，我說好好吃完午餐就可以吃。」

我轉過來：「你有好好吃完午餐吧？」小孩點點頭。

「那太好了，你可以吃。」他笑顏大開衝向零食櫃。

長年以來，朋友總會談到父母的角色，誰扮白臉、誰扮黑臉。但我們很不認同，因為明顯有許多問題。例如：孩子會對父母產生一方嚴厲，一方和善的刻板印象，兩種極端會使子女偏向白臉一方，造成親子關係失衡，也會變成夫妻教養原則不一致，使子女對規則無所適從，造成各種衝突，輕則造成孩子的不安全感，重則孩子會怪罪自己是父母不和的禍精。

長久下來，甚至使孩子投其所好，見人說人話，見鬼說鬼話，走偏門、鑽漏洞。因此，我和阿妮從來沒有誰是黑臉、誰是白臉之別。該黑、該白都一致。然而黑臉、白臉話題仍然多年不息。細思一番，這之中必有更深層次的需求。

孩子學習規矩和界線，難免有落差帶來的負面感受。大人扮黑臉帶來的不悅和壓力，會讓孩子難受哭泣。父母也想憐恤同情孩子的心情，不希望孩子受壓流淚，就想扮白臉。「要求界線規矩」和「顧念情緒感受」是二元論的衝突，也是黑臉、白臉的根本成因。

在黑臉當下，很難同時又是白臉，否則會變成嘻皮笑臉、思考錯亂。因此，多數人決定拆成兩個角色來扮演。黑、白臉爭議，是界線的嚴厲要求和情感的寬容，擺在天平兩端輕重互斥，最終成為父母的兩難。

規矩和界線，是對事情的要求。對人，則是待以慈愛寬容。所以，黑臉是「對事」，白臉是「對人」，兩難的關鍵在於「時間」。家長扮黑臉是希望孩子快快學到規矩，扮白臉則期待負面情緒快快消失。能同時發生最好，至少別拖太久。然而，學規矩和處理情緒都需要時間，家長務必耐心讓它們先後出現，不求同時發生，就沒有白、黑臉的兩難。

因此，先關注事情應有的規矩與界線，再照顧人情緒與感受的需要。也就是要黑臉一起黑，要白臉一起白。當然也可以反過來先白再黑，只要保持一致就好。

本書寫作時，我們詢問三個成年子女，我和阿妮有誰扮演過黑臉、白臉？他們確實想不起來爸媽有誰是黑臉，有誰是白臉。從小感受到爸媽總是一致：同樣的問題或要求，不管問誰，都會得到一樣的態度和回應。事實上，我們並非都完全一致，那孩子們的感受是怎麼來的呢？因為我和阿妮常常討論教養的原則，沙盤推演小孩的狀況。有時候討論別人家的問題，找到屬於我們的共識。當類似情形發生，我們就能明快清晰又一致地處理。

但是，生活中也常有事先沒溝通的情形，也不知道對方做了什麼決定。**此時，我們會選擇詢問孩子，爸爸（媽媽）是怎麼說的？孩子給了答案後，我們會要小孩先等一下，先彼此交叉確認**。前面的零食事件很典型，因為我不確定阿妮做了什麼決定，就和她確認孩子聽到的指令。從三個子女有記憶以來，便知道我們總會雙重確認，他們也學會必須如實傳達。這不但避免孩子鑽漏洞，也訓練他們為講出來的話負責。

一致性的協調

假使遇到了子女自作主張回應，父母事實上並沒有任何一方許可的情形呢？例如：媽媽沒有說可以吃零嘴，但子女卻跟我說有呢？重要的前提是我們不扣子女「說謊」的帽子，因為萬一是誤解，子女會感到不被信任，很傷自尊，善意的前提也會不見。我們會平和但嚴肅地明說：「媽媽（爸爸）沒有這樣說喔，我們重新確認一下他的意思吧。」

若是有一方先應承了子女，但另一方未必同意呢？這種情形確實發生過。我們絕不在子女前面指責對方「為什麼沒跟我商量就答應孩子？」而是概括承受、照單全收，同意對方的做法，因為不能摧毀子女對家長的信任。然後儘快找時間，兩人坐下來認真討論對方做決定的理由，直到有共識。後續再去控管可能的損害與代價，繼續引導孩子往父母有共識的方向發展。

因為夫妻黑白的一致性，才能幫助子女建立清晰明確的界線，也照顧到情緒與感受，給予滿滿的愛與肯定，子女便能建立抗壓性和安全感。所以，隨著他們長大，這種安全感可以促進對話、餐桌上討論不絕。我們會把身為父母的願景V、策略S、方法A和執行I表達出來；三個小孩們也表達他們心中看法、細節。然後照著有共識的結果讓事情發生。十幾年累積下來，就建立了彼此的互信尊重與一致性。

因此，當小姊妹爭吵時，三個子女都一致地去應對他們了。

一致性，從夫妻關係開始

三個小孩的原生家庭，除了我和阿妮，還有曾祖母、阿公、阿嬤、姑姑同住。自幼在九口之家成長，加上親族凝聚力強，逢年過節總有超過六十人返來三合院聚集。因此，生活、教育、教養與長輩親族相處等大小事，交織著多重觀點。我和阿妮必須更有一致性，才能給予子女安定成長的核心力量。

此外，在教會走跳多年，見過有人家運多舛，也看過不少足堪典範的家庭。阿妮結婚前決定，要組成一個健康有愛的家庭。在基督信仰的教育哲學裡，夫妻必須先建構起屬於兩人的一致性，才能給子女營造好的原生家庭。

回顧第一章談到獨立人的一致性：「在善意前提下，自己能想得清楚，說得明白，靈活應對，動手做到」。我和阿妮是獨立的個體，也是平凡夫妻，各有各的脾氣、個性、主張，衝突也難免。我們必須持續溝通磨合，建立夫妻之間的一致性，一起「信任對方帶著善意前提，共同把在乎的事想清楚，彼此說得明白，分工靈活應對，合作動手做到」。

善意的前提，是相信對方都想處理好事情，沒人要把事情搞砸。這樣就不會陷在對錯、好壞、是否的二元論陷阱中，而能說出：「我想聽聽妳的想法。」個體獨立就是兩人想法一定有差異，彼此可以聽、願意講，接下來是把話聽懂！

聽懂，就是對方講的內容，在心中有位置能安放。VSAI的四種狀態，就可以用來定位：清楚她在意什麼願景V；現實出現什麼落差，必須找到策略S；需要哪些方法A來解決問題；要採取什麼行動I以達到目標。

VSAI狀態同步了，就會有一致性。是V就一起V，有人S另一個人也S，進入A就跟著A，到了I就共同行動分進合擊。例如她在意我衣服的穿搭不好看，我就跟著一起在意。若她進入S，我就也進入S的狀態，聆聽承認她的紅燈或綠燈，讓她完整表達，並同理、接納。如果進入A的講道理，那就認真找到有邏輯的知識方法。進到I的執行狀態，就不多廢話，做就對了。

面對子女、學生的道理也一樣，必須和他們同在一致的VSAI狀態，每個狀態都有相似的應對原則：

肯定V：要先無條件肯定、不以自身價值去判斷子女在乎的V狀態。

接納S：要聆聽、接納子女的S狀態。

論理A：深入和子女討論邏輯、講道理，好好認真面對A狀態。

堅持I：支持子女投入行動，全力以赴。最好能露臉陪伴，為他們鼓勵、吶喊、加油，堅持到有結果。

我觀察到許多家庭親子的衝突，源自沒有顧及對方處於哪一種狀態，或彼此不在同一個狀態裡。明明兒子還在談在乎的V，但爸爸卻用A來講道理，說他的V不合理，不應該花心力。或是太太紅燈亮起來出現S落差感，老公卻亮綠燈說要保持好心情，還是強調事情V很有希望。或是女兒談戀愛，要尋找合適的方法A對待男朋友，但家長卻直接行動I介入，要求把男友帶回來和家長見面……，結果就又吵成一團毛線球。

探索VSAI與碎形結構

在實際陪伴引導的生活中，要判斷情況正處於VSAI的哪個狀態，是件複雜的事，如同第一一二頁圖4那團毛線球一樣。我尋思許久，把VSAI四種狀態在心中建立成圖像，做成像GPS般的定位地圖。

首先，為了方便後續討論，在這裡我們先將VSAI從漏斗當中拿出來，然後把它顛倒過來從上到下來排列（見下頁圖10）。

接著，從V開始，讓我們由平面開始把概念畫成具象的六角星。六角星具有「碎形」（fractal）的特徵，也就是說，我們接下來談及的概念，都和六角星一樣，具有「能夠分成數個部分，且每個部分都是整體縮小後的形狀」的特質，且無論如何擴展延伸，它都有與自我相似的性質。

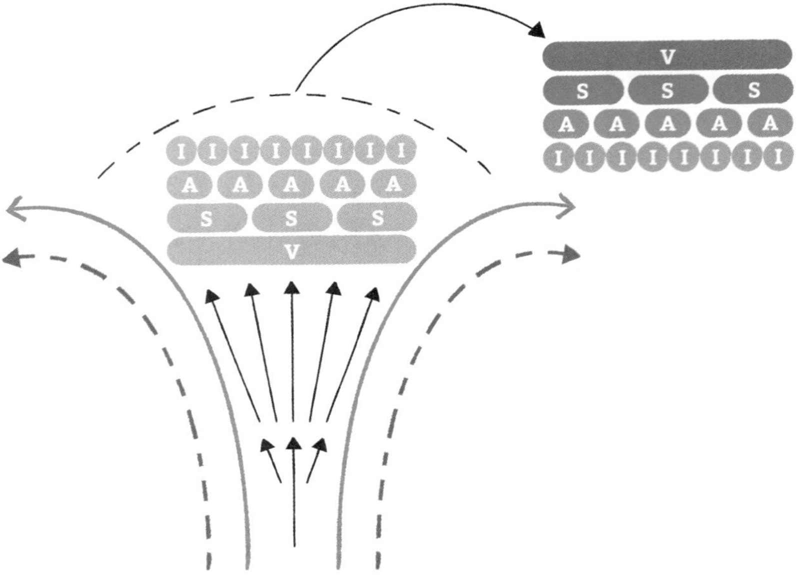

圖10　把VSAI從漏斗圖裡搬出來。

VSAI四個狀態中，願景V的涵蓋範圍最大、最單純，只要是當下在意的事，都可以被界定為V（見下頁圖11）。

這裡以「經營一個健康有愛的家庭」做為願景V的範例。

V出現，願景的範圍就被界定出來，它是不具體的想像與期待，有時也像不切實際的空殼或口號，但就是想法出現的起點。

圖11　願景V「經營健康有愛的家庭」的範圍被界定出來。

接著是策略S。要把「健康有愛的家庭」撐起來，需要有什麼策略？舉例S策略條件有：夫妻關係，雙方家人的關係，經濟能力，身體健康，子女懂事等。或是反問什麼落差發生，會讓健康有愛的家庭垮掉呢？多個S圍繞撐起來，會讓「健康有愛的家庭」這個願景V的內容變得更具體，便不再像空殼或口號（見下頁圖12）。

S狀態界定出來後，就可以推到更細節的方法A。

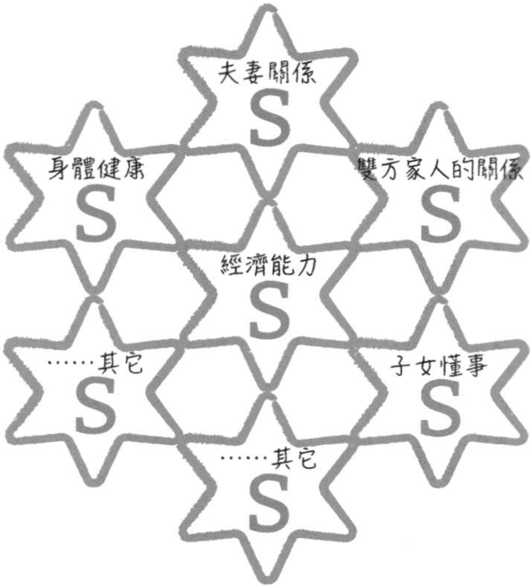

圖12　S狀態的結構，把「健康有愛的家庭」撐起。

例如夫妻關係要好，有以下方法：兩人要常見面相處、常談話、常彼此表達愛意、了解彼此個性、喜好等；雙方家人的關係要好：妻子要善待夫家，先生要善待岳家，雙方親家間有良性互動等；經濟能力則是：收入穩定可預期，足夠支應日常開銷，累積長期財富的投資儲蓄等。

A狀態要從有理據邏輯的知識當中，找到適用的方法和工具。S範圍內有許多的A。因為每個策略要解決的落差，也需要有多重的方法（見下頁圖13）。

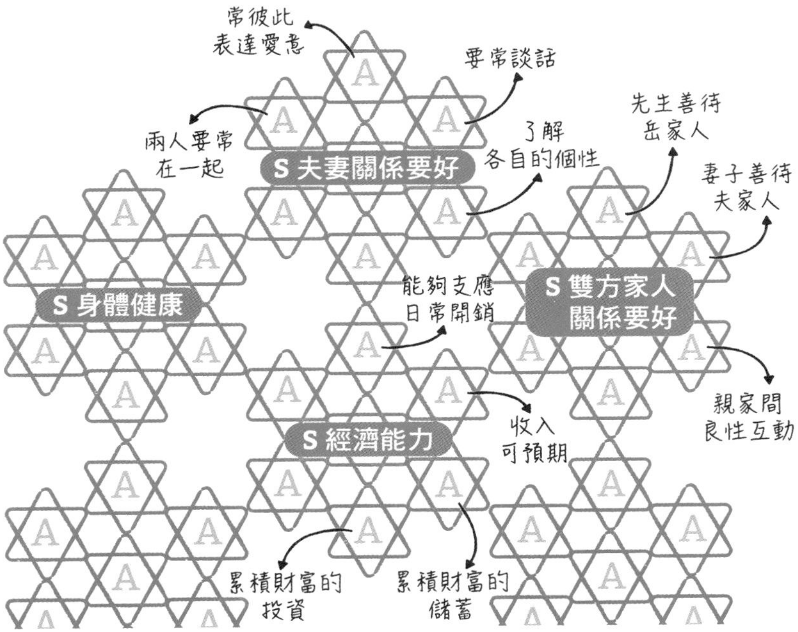

圖13　A狀態的位置。因為每個策略要解決的落差，也需要有多重的方法。

A狀態界定出來後，會出現細細密密的行動I需要執行，讓V在現實世界累積出結果來。例如，夫妻常見面相處，最好是住在一起，若是異地工作則要天天視訊；常談話，就要固定安排時間吃飯、散步、聊天、和朋友聚會、參加共同活動；表達愛意，除了精心禮物、甜言蜜語之外，做家事下廚洗碗，帶孩

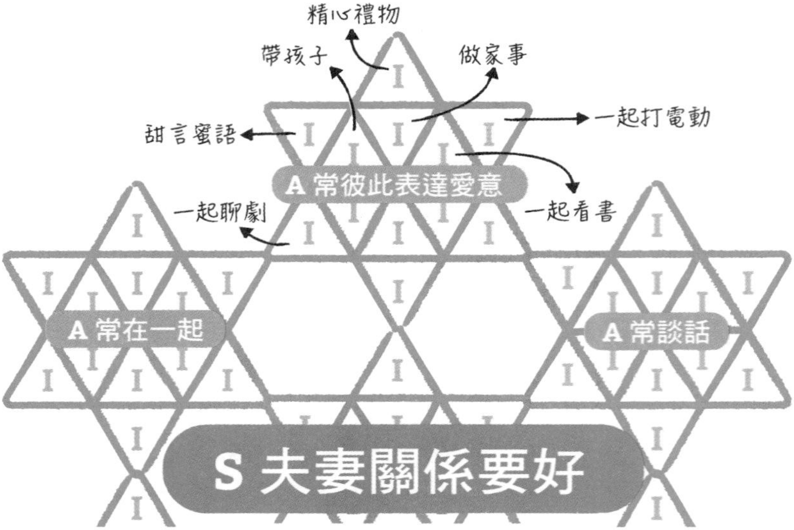

圖14　I狀態的位置。扎實行動的I能讓結果發生，A就完成，S被滿足，最終V也具體實現了。

子，一起打電動、看書、追劇、運動等。

扎扎實實執行的I能讓結果發生，A就完成，S被滿足，最終V也具體實現了（圖14）。

為了看清VSAI的層次關係，我將它們同時畫在下頁圖15，回頭和第一一二頁圖4的打結毛線球比較，看似同樣複雜，但卻整理出層次，不再亂成一團。我們可以看見VSAI之間不只是線條連結的關係，而是部

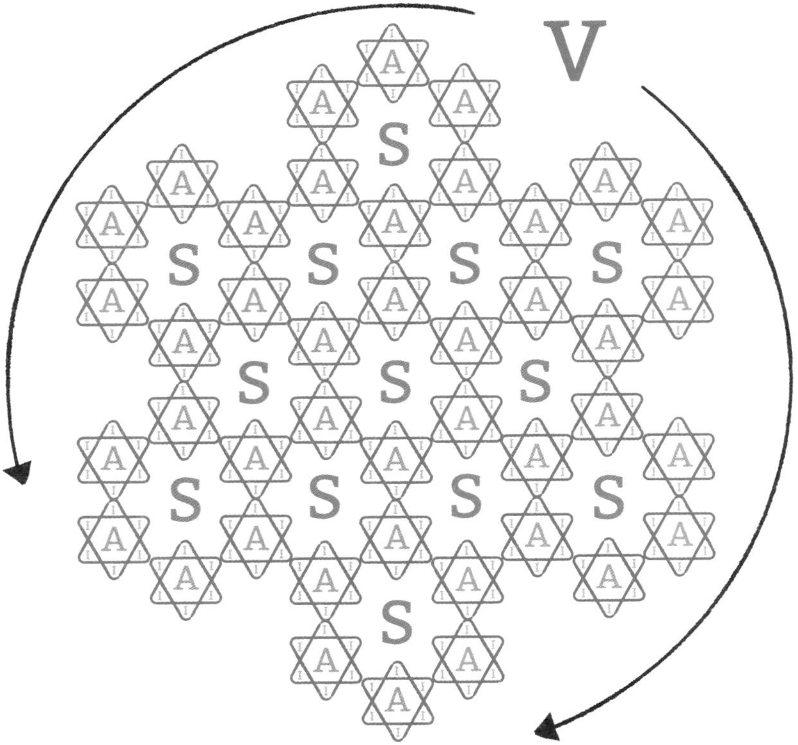

圖15　第三章圖4中的毛線球，其實是個VSAI碎形。

分與整體不斷連結與重新組合的過程。

這個將VSAI同時畫出的圖具有「碎形」的特徵，也就是擁有整體可以分成無窮多的部分，且每部分都是整體縮小後的形狀，而且不管如何擴展延伸、放大縮小，都有自我重覆、自我相似的特性。

ＶＳＡＩ結構本身就是碎形般的存在。除此之外，在子女成長與思考的過程中，我們也可以看見各種碎形特徵的蹤影。

首先，「成長」即是在思考和行動中，做了決定、有了結果，再重覆回頭影響自己，出現更新的想法的過程，類似於碎形自我重覆、延伸的循環。

其次，我們的「思考」就算不周全，沒辦法完全想清楚或是做到，它還是能夠繼續運作成長，如同碎形般擴延伸展。在子女有限的小小腦袋裡，也總是可以放入綿延無限的「想法」。

最後，青少年發展這段「混沌（chaos）發生的過程」會出現的形狀，就像我們常看到準大人子女不可預期的混亂，在這之中其實也和碎形般存在著規則與模式。

前面用「健康有愛的家庭」談ＶＳＡＩ狀態的圖像位置，舉例的內容看似平平無奇、人盡皆知，好像江湖一點訣，說破不值錢。但夫妻溝通、面對子女、引導陪伴學生時，我靜靜聆聽他們說的每句話，然後用動態的VSAI結構分類思考，便不會像是把物品全部擺在地面，以致雜亂處處、阻礙重重、無路可走。VSAI的結構如同心中的立體置物架，能夠把物品安放定位，最後把狀態用圖像結構，整理出有條不紊的立體層次。

反向建構的VSAI：成長發展是個填空題

子女的成長發展，卻是反向建構碎形的過程，他們要從內在的不完整與碎裂為起點，慢慢將VSAI連結成為一致與完整的結構。

這段複雜的過程，在此用個簡單的例子來討論，以小小孩常愛聽的一句話：「哇！你長大了！」來說明。被如此稱讚、看待，是孩子會在意的事，它是個V（見下頁圖16）。

小小孩要被誇長大，裡面有多少落差S需要變為策略補起來？暫且列出：能夠自己吃飯、懂得自己洗澡、能夠自己起床、會把自己的東西收拾好、懂得表達需

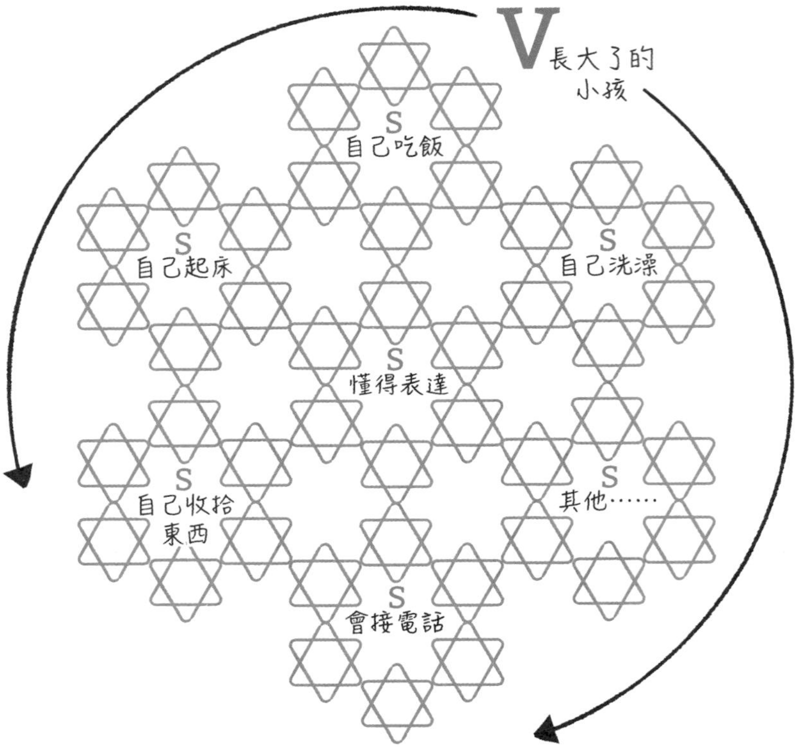

圖16　「哇！你長大了」的願景V中，包含的各種策略S。

要、能幫忙接電話……等。當然，家長不同，認定的策略S也會不同。

接下來把「自己吃飯」的S拿出來看當中的A（見下頁圖17）。

自己吃飯的S裡面有不同的A，例

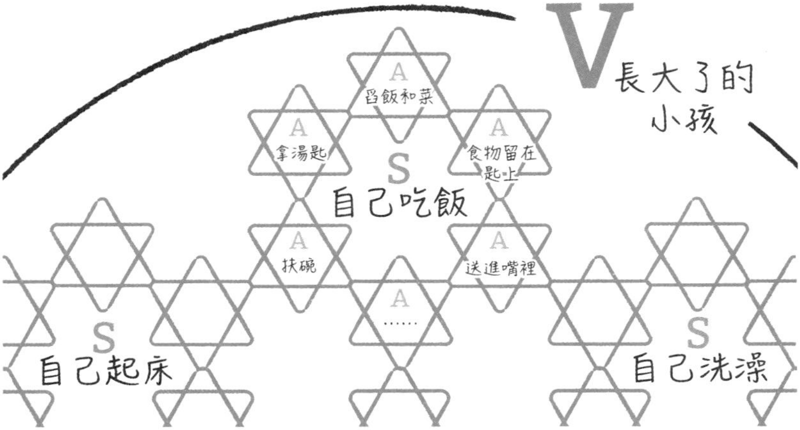

圖17　策略S「自己吃飯」中，包含的各種方法A。

如：把碗扶好、懂得拿湯匙、把飯菜混合、在送進嘴裡的過程中保持食物穩定留在湯匙上、最後要準確送進嘴裡等。然後就放手讓他進入行動I試著吃。但現在先不討論I，繼續留在S與A的狀態。

當他在「送進嘴裡」的A時，湯匙卻戳到上嘴唇且彈起來，飯菜灑出去，嘴巴戳痛加上做不到自己吃飯就哭了。

這時S的落差感出現，亮紅燈了。此時，不能罵他笨，更不要嘲笑他，而是承認和接納他的狀態，說：「你好痛、又覺得自己吃不好，很傷

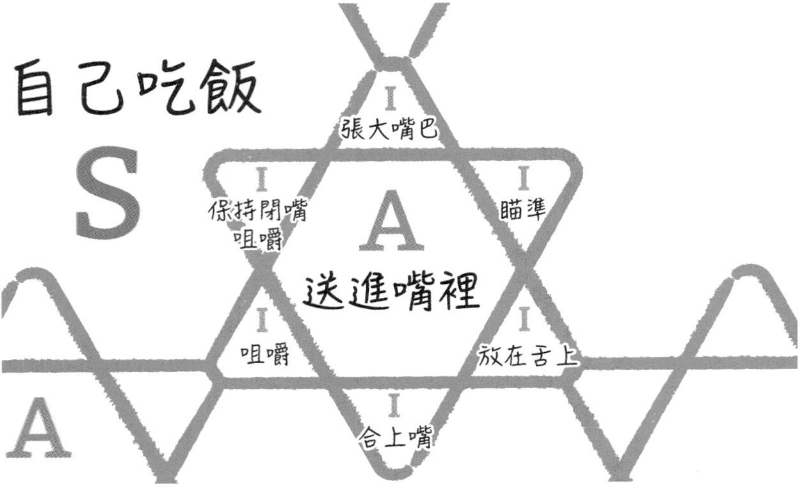

圖18　方法A「送進嘴裡」中，包含的執行I。

心對不對？」陪他梳理情緒。

等到情緒平復後，繼續進入行動I的練習（圖18）。我們就說：「啊！是因為要把嘴巴開到好大好大。」說著也張開我們的嘴演示，繼續：「接下來瞄準你的嘴巴喔，像這樣。」跟著做動作：「嗯，放進去，碰到舌頭就可以閉上嘴，湯匙抽出來要閉著嘴巴咬。」

他照著做到了，就稱讚：「哇！你好棒。」於是送進嘴裡的方法A就被行動I完成，這個成果如圖19。

第二四三頁圖17中看到自己吃

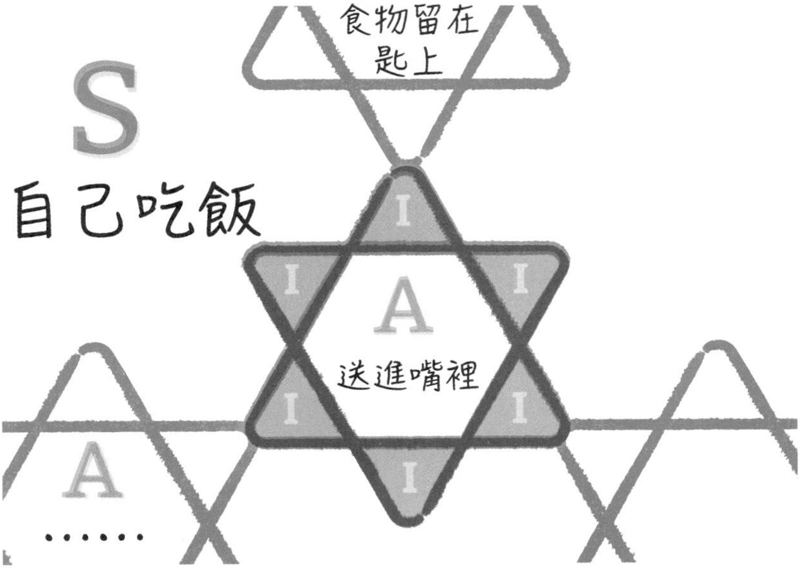

圖19　透過執行I分解動作完成的「送進嘴裡」方法A。

飯的S，還有許多A：把碗扶好、懂得拿湯匙、舀飯菜等，也要透過各個I來累積完成，於是「自己吃飯」能一致而完整的做到，雖然是小事，但這部分的策略S就是被滿足了（下頁圖20）。

從圖18到圖20，完成了一小部分填空，就讓「長大了的小孩」的V完成一部分。但其他還有自己洗澡、起床、懂得表達、把東西收拾放好……

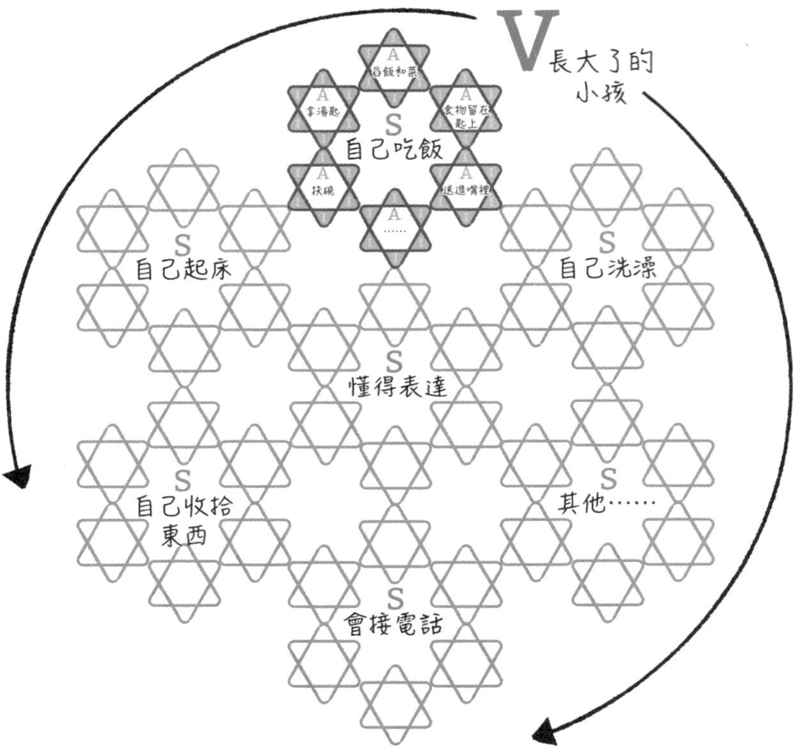

圖20　累積完成各個動作執行I，完整的方法A撐起一個「自己吃飯」的策略S。

的S要滿足。

子女的成長發展，就是許許多多行動I在做的填空題，也是個培養獨立能力的拼圖。在碎形思考的圖像結構裡，**成長發展就是個不**

斷填滿的過程。

準大人的VSAI：同步，是陪伴的真諦

到了準大人階段，成長發展的內容遠比以上複雜，但還是存在著VSAI的碎形結構。子女會有自己在意的願景V，層層疊疊在S、A、I之中給自己的碎形填空。在大人眼中，或許可能會是微不足道的小確幸，甚至是干擾課業的無用之物，例如：打電動、看漫畫、追星、交朋友、做模型、打籃球、蒐集公仔、玩同人等。V的定義就是有件事情出現在子女的視野裡，而且子女會在意它、想實現它，因而產生動力。否定V，就會消滅動力。

實務經驗告訴我，V可以被包容、被引導、被改變，但V不能被否定。V如果被否定，輕則爆發子女衝突，重則子女喪失動力甚至輕生。

其實不少家長都能隱約感受或擔心這點，所以會用「交換」的方式來應對子女：只要做完功課，就可以去做喜愛的事。但家長還是不免會怕子女玩物喪志，不

在意讀書考試拿成績。相對地，子女也知道家長並不總是認同他的V，所以親子間總有張力存在。

我面對子女和學生時不做交換，而是真心看見和贊同他們的V，以及認真討論當中的S、A、I之各層細節，這是陪伴的真諦，也就是和子女的VSAI同步（synchronized）了。我戲稱這是「管理」年輕人的好方法，先「理」他們，就會願意被「管」。當我們認同他們在意的V，他們也會認同我們的V，創造出來的是合作關係而不再是張力和衝突。

然而，轉換期子女年紀輕，對生涯的見識眼界通常比較窄，考慮的期程也比較短。一般來說，家長的見識與經驗會比準大人廣闊，看到的VSAI範圍大、細節比較多。

幫助子女成長發展時，「理」是讓子女保持願景V的動力，協助把落差轉換為策略S。「管」是使家長的眼界、見識、經驗、判斷力轉移給子女，讓子女能夠找到合理的方法A，並且堅持行動I做到有成果，最後累積起獨立的能力。

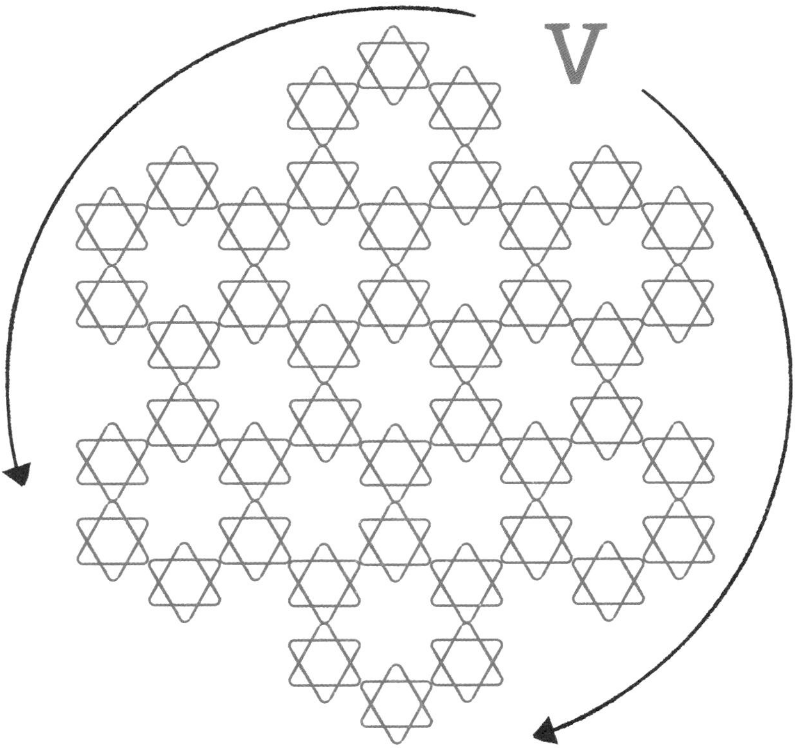

圖21　等待填空的VSAI框架。

離散混亂的填空題

走筆至此，即使碎形思考的地圖與基本定位方式已經被描述出來，但準大人的行為常常還是讓家長看不懂、無法預期甚至難以理解接受，或是違反直觀結

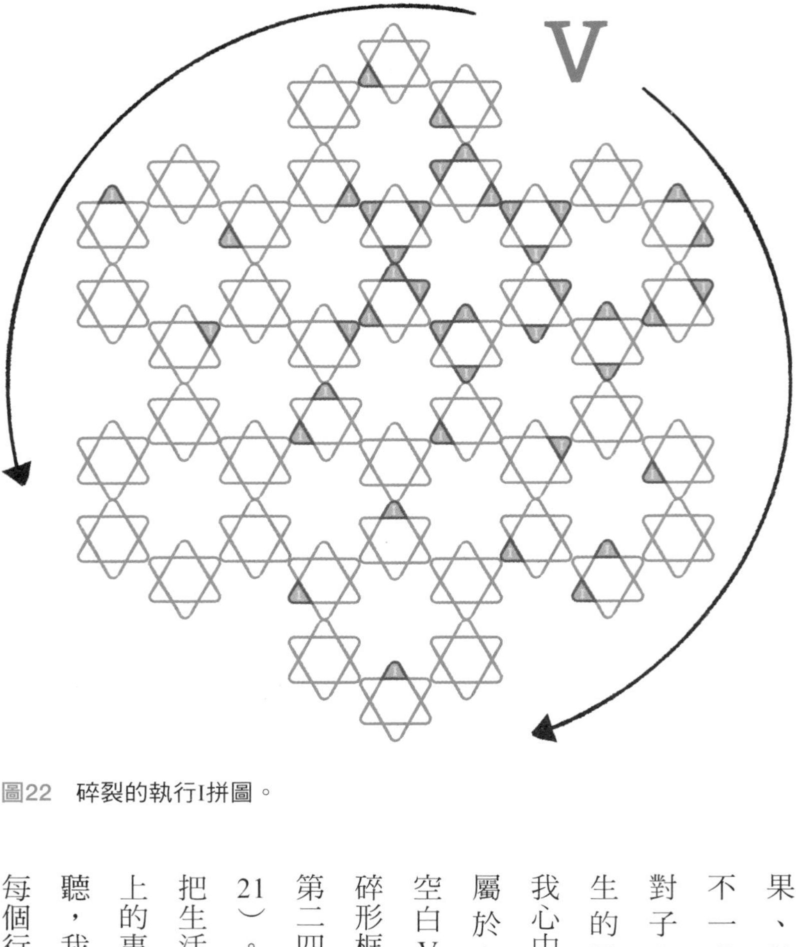

圖22　碎裂的執行I拼圖。

果、散亂、不一致。面對子女或學生的散亂，我心中會出現屬於各人的空白VSAI碎形框架（見第二四九頁圖21）。當他們把生活、學習上的事講給我聽，我便會把每個行動事件當成一個個的I放到框架中填空（見圖22）。

談話中，我常見學生內在一致性不足：對自己在乎的願景V沒把握，搞不清楚自己到底想怎樣，甚至失去主張和願景。於是，正面的落差感不夠踏實，快樂開心之後還是心慌慌，綠燈亮不久；或是負面的落差感一直都在，情緒隨之變糟，一直亮紅燈，轉不成策略S。用什麼方法A都不對，變成盲撞亂試，邏輯不清，關係不通。然後怎樣都做不到I，白白付出時間和勞力，無法完成預期的結果。

曾有學生一進我辦公室就說：「我好想去死！」我回他：「我懂欸，我也會有這種時候！」立刻專注看他心裡的混亂，啟動聆聽和提問，不急著勸也不用給答案。通常學生會很有安全感地說出種種感受，心裡的重擔和壓力有地方安放。

透過他講出來的內容，在我心中出現不完整的拼圖（見第二五〇頁圖22），從裡面看到學生碎裂的、不一致的痛苦。

隨著他談愈多，被填滿的I也會多，有些地方的A就會出現（見下頁圖23）。

而有些I雖沒被完整講述，也能慢慢累積、看到淡淡的A，這時我會給些可能性，讓學生思考梳理出更清晰的答案。

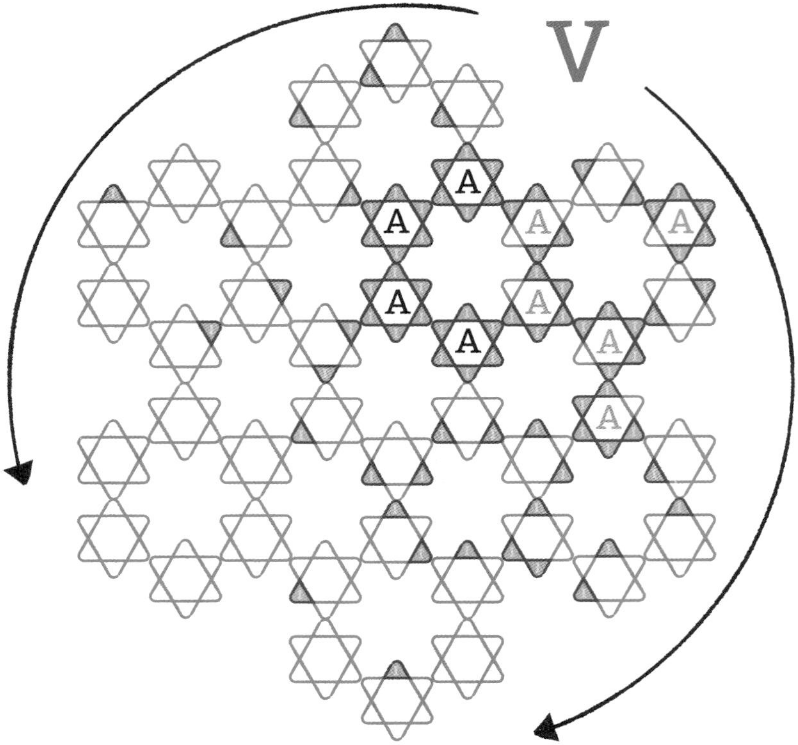

圖23　執行I被填滿後，拼圖出現方法A。

在多次有深度又長時間談話累積後，S也會漸次成形（見第二五三頁圖24）。

策略S出現了，每個層次的方法A與行動I也會慢慢浮現、集中，長成為完整的圖

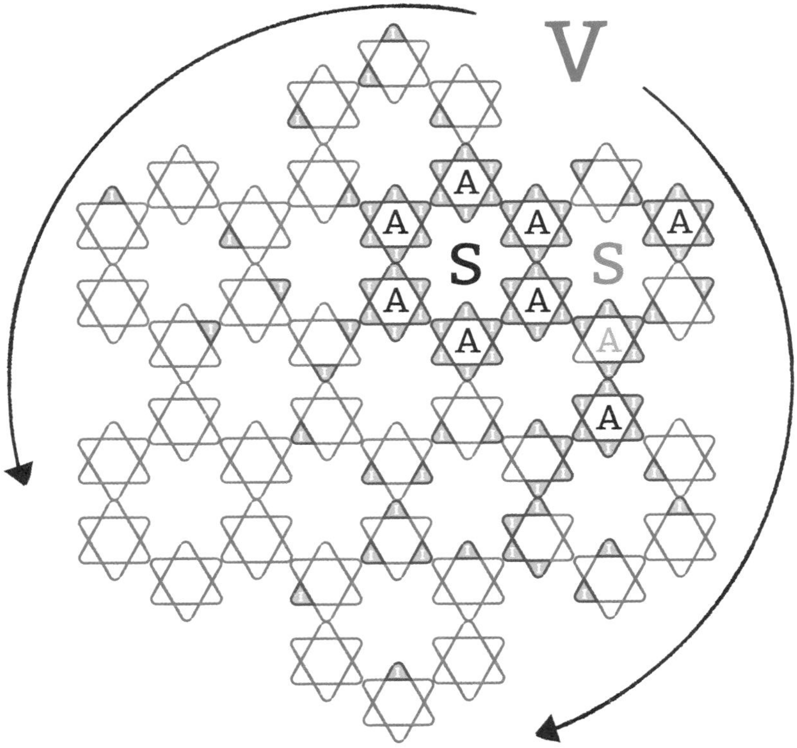

圖24　方法A慢慢完整，出現策略S。

像。這就看到了VSAI的「從不一致成長發展到一致」。而因為在書院生活裡的陪伴有很多面向，除了聽學生用講的，也會在他們的生活、行動當中看到一樣的累積過程呢（見第二五四頁圖25）。

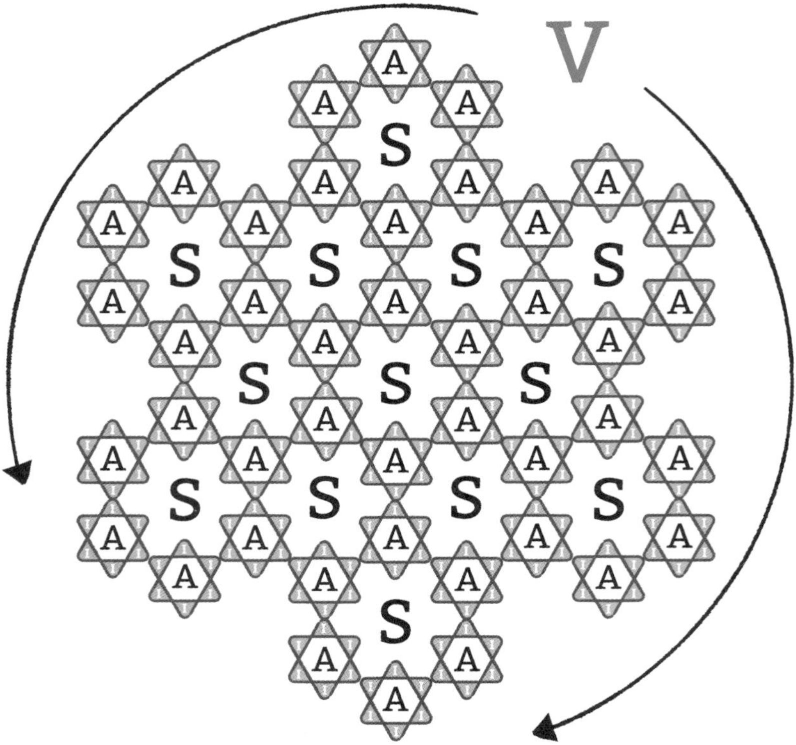

圖25　完整願景V被填滿的拼圖。

一起合作生命拼圖

雖然前面依次用I↓A↓S↓V的順序來描述填空的過程，但實際經驗裡我發現學生個性不同，談話習慣先切入的VSAI層面也會不一樣，有的學生談話喜歡用V狀態做開頭，非常熱情有希望，但談下去卻空洞無細節。也有學生會從S開始聊，對人事物的落差有敏銳的感受力，但會流於無邊無際。也有帶著A來論理辯證的學生，但愈談邏輯愈複雜，辯論多了反而顯得治絲益棼。或者I的行動力十足的學生，但最終是做法簡單粗暴不成功。

我觀察到個別學生會習慣從相同的VSAI狀態做為聊天的起點，我推測這與性格模式（personality type）可能有關。因為性格是會變動的，所以我認為性格是認知VSAI狀態的預設值（default），也就是一個人認知人、事、物的「出廠設定」。看懂這個設定，就能快速和學生開啟話題。

擔任書院導師要花許多時間陪伴學生，從上課、生活、共事、言談中整理出生命拼圖的一致性。有些學生拼得還蠻完整的，生命樣貌的輪廓清晰；也有拼得還不完整，雖然有些碎散，但還是隱約可見連結。當然更有學生找不到一致性，心理狀態近乎崩解碎裂，甚至有了精神症狀，若是嚴重到需要接受精神治療，就是另外的故事了。

在書院裡，用最快的時間認得學生叫出名字，徐徐進入他們的內心世界，一步步看清拼出每個人的生命拼圖，最終拼到圖像出現。過程的激盪、淚水和突破的快樂，讓我一直有力量投入書院教育、關心與陪伴學生。

本章重點

- 教養的負責人（配偶、伴侶、家長）對於子女要建立教養的一致性，才能幫助子女成長。夫妻扮黑臉、白臉也要一致，黑臉是對事情結果的要求，白臉是對子女心理感受的體恤。該黑或該白，則是時間先後順序要一致。
- 成長發展出現的多元思考毛線球，是個VSAI套套疊疊在一起的雪花碎形結構。
- 大人的VSAI是個長好樣子的雪花碎形。但子女的成長發展，是正在雪花碎形的空格裡，用行動I一步步填答的過程。

學習與反思

- 把雪花碎形填空到什麼程度，會讓你認為子女是長大獨立的個體？
- 想一想，生活上的哪些點點滴滴，會讓你感覺到自己很完整？你感覺到自己不夠完整的時候，又是生活上的哪些事情？
- 回想一下，從過去到現在，子女讓你感覺到完整的時候，是哪些事情？讓你感覺到子女不完整時，又是哪些事情？
- 想一想，無論是你或子女，會讓你有完整感的V是什麼？它需要補足的落差、策略S有哪些？每個策略下的方法A，又有哪些？每個方法A下的行動I，又有哪些？請找一張夠大的紙、白板或是平板電腦裡的筆記APP，並用六角雪花碎形畫出來。

第 9 章

要過怎樣的人生，成為怎樣的一個人？

狀態的改變與升降級

上一章談到拼圖變完整（第二五四頁圖25），就好像長大獨立了。但事情哪有這麼簡單！隨著年齡增加，生活和工作挑戰源源不斷，必須在意又重要的事持續出現，總是有更大的願景V在前面等著。有的V是主動掌握在自己手中，但也有不少是被要求的V，例如家人、老師、老闆、商業甲方的需要等。於是自己在意的V，逐漸被外界的要求淹沒，慢慢退居到不重要的位置。

成長發展過程也有一樣的現象，例如：某個朋友以前很重要，但現在是逢年過節才見個面。當年覺得非贏不可的比賽，回顧之後覺得只是多個經驗。曾很在意必須取得的證書，後來覺得就是個平常的技能。考上很有面子的大學，進去發現大學生活不過爾爾。買了iPad覺得很開心，過一陣子就覺得不過是台工具。這些本來在意的事，因為見識、經驗、人際網絡、科技的拓展與改變，不再提供追求的動力，只成了日常生活的普通事物。

請家長們回想一下，年輕時認為不得了的事，後來只覺得是人生過程的小句點。許多人長大後卻忘記自己是怎麼長大的，是因為後來覺得也沒什麼，不必牢牢放在心中。多年來，我都要求書院新生寫信給大三的自己，等到學生大三時，再把當年的信回傳給他們，順便討論收信的感想。不少人會這樣回應：「現在看這些想法也沒什麼，但當年真的好在意，真是青澀幼稚的自己啊！哈哈。」

從重要變成不重要、在意變成不在意，是因為VSAI狀態會「降級」。隨著願景V逐步從策略S到方法A，最終用行動I實現出結果，原來的V已經變成例行的I，成為平淡無奇的日常行為，失去吸引力也就沒了動力。

我們在第四章討論V狀態時說過：孩子本來就很聰明、主動、積極，問題是怎會變得不聰明、主動、積極？同樣，有V的成長發展就有動力，問題在於子女怎會失去發展動力？

真正的超前部署

成長發展一直都在發生，「降級」只是狀態的位置在改變，只要子女找到更有價值的V，就會重新有動力。換句話說，子女的V會「升級」，而且必須要升級。

即使原來的V已經降級到I的狀態，V的動力感還會存在一段時間，直到價值感消失，動力也隨之消失，那條路再走也沒意思，綠燈也不需要再亮了。因此，在原來的綠燈熄滅前，要讓新的V出現。

因為降級必然發生，所以要主動升級新的V，才是真的超前部署，否則會感到人生停滯不前。把V實現的過程，會漸次進入S狀態，再到A狀態，最後到細細密密的I狀態。雖然降級到I，但實現的結果也會成為新V的基礎。整個升級與降級的過程，就是狀態不斷改變，再出現新的V，又啟動新一輪的升降級和改變的循環。

換個方式說：本來的願景和期待，會讓自己很有動力。但願景期待實現滿足後，快樂的心情過了一陣子就慢慢消失，最後甚至會覺得沒什麼。因此，必須找出新的願景，讓自己重新有動力。舊願景實現出來的結果，則是未來新願景的基礎。

當家長用「成就表現」而非「成長發展」的心態面對子女時，最典型發生的情形是總在「騙」小孩：上高中就好棒棒了。等到發現高中也不過如此，就又說：上了大學就自由了。接著是：碩士畢業就有希望了。再來是：出來找到工作生活就好了……，只用升學體系來包裝空洞粗糙又不確定的願景V。老師和家長不是存心惡意欺騙，也知道後頭有更大的挑戰，但至少先給個新V轉移子女的視野，忽略成就表現落差的痛苦，想辦法保持繼續往前的動力。

要脫離「環環相騙」的結構，我的做法是**用「成長發展」為主的心態面對子女，看看他們要過怎樣的人生，成為怎樣的一個人**。然後引導他們的V不斷升級，也讓V、S、A、I之間相融相合的關係變得更加清晰。接下來我用立體結構進一步解析VSAI，讓V、S、A、I的結構更容易表達動態升級的概念，使人生的「動力系統」有更豐富扎實的細節。

VSAI思維的立體層次

細心的讀者可能發現第三章第一一二頁圖4的毛線球是立體的，因為它就存在於立體空間之中。毛線球在第八章第二三九頁圖15被整理定位出VSAI的樣子，但它還是交疊在二維平面上。為了將升級的動態改變講得更清楚，以下把圖像立體化以便描繪這個過程（見下頁圖26）。

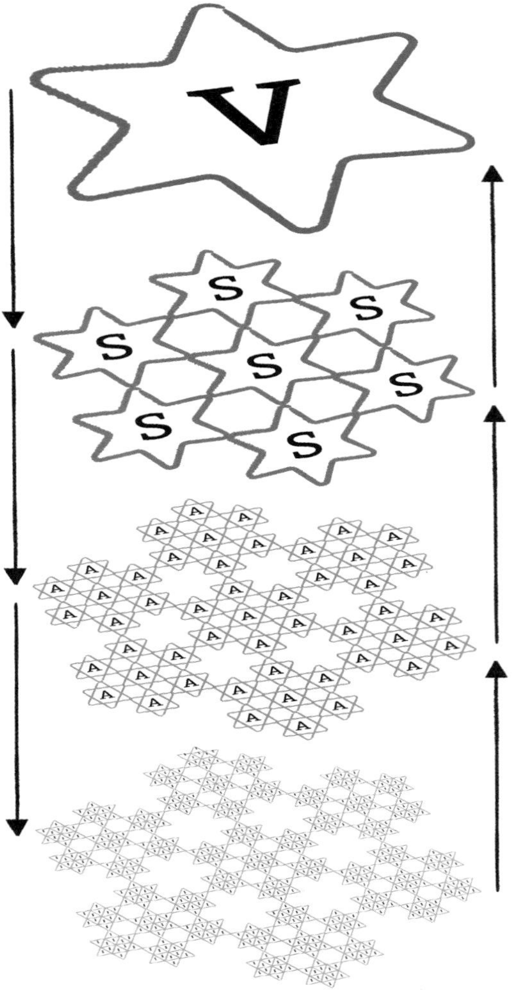

圖26　VSAI的立體層次

首先，把願景V六角星懸浮在空中。而S懸浮在V的下層，因為V之下會覺察落差轉成策略S。接著S需要以知識為底蘊找到方法A。最後是透過行動I，漸次往上把A、S、V實現。左右邊都有上、下箭頭，是表達懸浮的各層之間有上下交互作用。

陪伴學生、子女的過程，我心中就用這樣的層次（圖26）和他們聊天、整理思考。因為我是處理狀態而不是事件，所以不管談論什麼事，都很容易開啟對話。上一章提到個性不同，從哪層VSAI切入談話習慣也會不同；因為我心中有分明的立體層次，不論他們從哪裡開聊，任何一層都可以成為談話的起點，為每個學生整理出獨特的碎形。許多學生和我談話後，會有這樣的回應：「恆嘉哥，連我都不懂自己在講什麼，為什麼你聽懂了？而且還把我的想法整理得這麼清楚？連行動方案都有了！」這種被聽懂的經驗，麥粒同學講得很清楚：

總是會想起那個剛進到書院就被喊出名字的瞬間，似乎定格我做為大一新生的開端。儘量保持安靜的我，想不懂嘉哥是如何用幾分鐘認識並記住我，後來才發現他就這樣不可思議。教過我會計、攝影、英文、在校園遊蕩，在魔都上海穿行……要如何形容希望隨時都可以在辦公室找到的人呢？唯一可行的方法是去交談。

房思琪的故事依然在翻開某頁時震撼每一處感官，而我有幸在他的辦公室閱讀討論過。女性主義的崛起，是過去真實的遺產。神是否存在？嘉哥有他的答案，但不妨礙我自己的探尋。GPA（成績）是不是有效的指標？人生的終極奧義是什麼？回望這些謎題，我發現其實大一和嘉哥聊天已經有過答案。

像是我來到澳門大學的困境，覺得小小的地方困住了自己。到了大四才發現做為高考的囚徒，限制思維已經永永遠遠地成為我的一部分。執著於答案並不一定有結果，做自己才是解決一切問題的關鍵。而在過去的每次談話中都有過這個啟示。當我說要橫行在這個世界的時候，他是不是早已猜到我的方向呢？

（麥粒，女，21歲，澳門，大學生）

成長發展的心理空間

處在獨立轉換期的子女會開始討厭大人干涉生活，要求更高的自主權。子女小時候，家長還算好「管」，但準大人卻很難被「管」。「管」會累積許多矛盾、衝突，於是家長便到處求助，最終總得到一句結論：「啊！要懂得放手啦，要給子女『成長發展的空間』啦！」最後因為管不動了，只好被迫放手。

「成長發展空間」這種東西真的存在嗎？它到底是什麼？這個空間不但存在於人們的言談、想像、思考和比喻之中，許多的心理學研究也支持心理空間的存在，如芭芭拉・特沃斯基（Barbara Tversky）在《行動改造大腦》（*Mind in Motion: How Action Shapes Thought*）一書裡，匯整了空間知覺的研究；諾赫夫（Georg Northoff）在《自發的腦：從心－身到世界－腦問題》（*The Spontaneous Brain: From the Mind-Body to the World-Brain Problem*）書中也曾提到大腦的意識有時間空間向度。而我也真實看到學生心裡的「成長發展空間」，它是這樣構成的：

- VSAI會隨著子女時間的過去和未來變動（見下頁圖27的垂直C軸）。時間的C軸，是用Chronicle（編年史）代表。因為成長是一年年長大，在年歲的刻度上留下自己成長的軌跡。正向（＋）是「未來」，負向（－）表示「過去」。
- VSAI是子女心裡的意識和外在行為之間的交互作用（圖27的橫向T軸）。意識和行為的T軸，是用Thinking（思考）代表。因為成長是意識的思考與想像，轉為具體的行為去實現。正向（＋）是具體的「行為」，負向（－）是腦中的「意識」。
- VSAI也是子女生存的實際空間，以及想要創造改變的空間彼此的拉扯（圖27的斜向E軸）。空間的E軸，是用Expanse（空間擴張）代表。因為成長發展也是五官七覺能感知的實際世界，和想去創造改變的世界之間的交互運作。正向（＋）是「實際存在的空間」，負向（－）則是等著被子女「創造改變的空間」。這裡的空間也可以代換為「世界」「環境」。

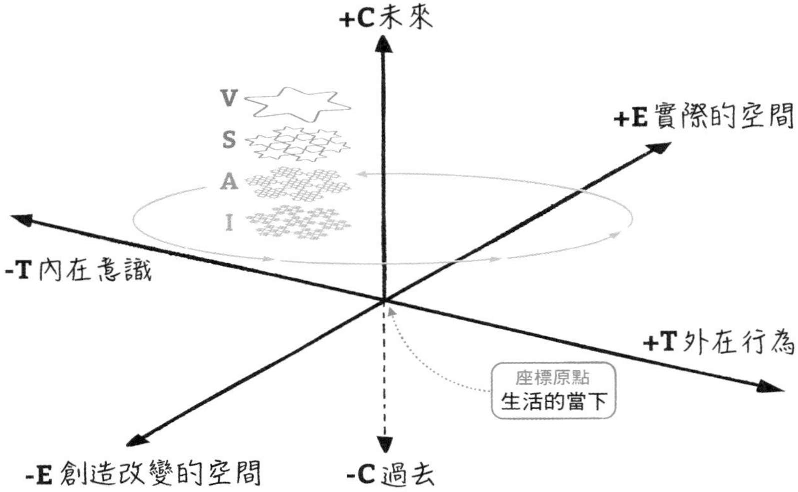

圖27　成長發展的心理空間。

圖27是子女成長發展時，應對真實世界的心理「空間」，座標原點會隨時間不停上升。座標軸的原點，就是生活時間當下的集中點。

對了！別害怕，這個圖不是物理或數學，只是將其把它立體化比較能看清楚。

願景V會有力量帶著S、A、I不斷旋轉上升前進，最後在I的行動中「留下生命的痕跡」。這個痕跡是刻畫在E、T兩個維度交織而成的平面上。-C軸往下的痕跡，就是個人留下的

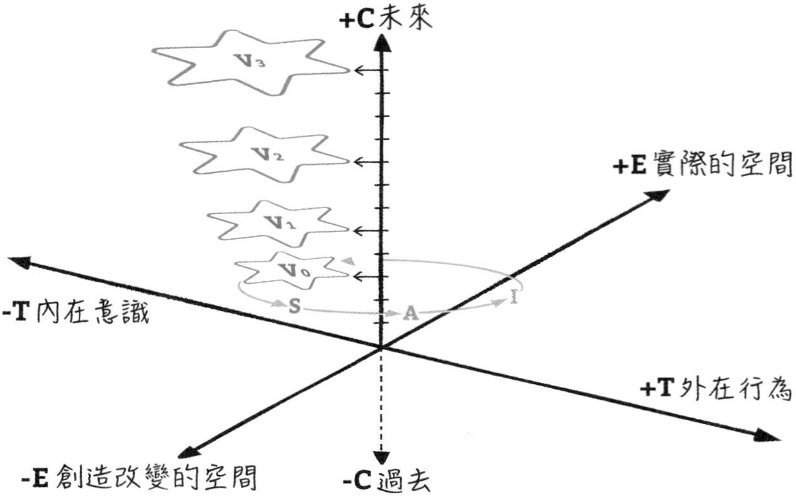

圖28　成長發展的過程，是陸續出現的VSAI循環。

歷史。

子女用自己的V帶動思考，是自己決定的成長發展，就是主動創造的人生。但如果子女只是被時間推著走，則是被動的人生。

VSAI的循環上升

子女的V透過I留下的生命痕跡，會成為下個新願景V的基礎。當新V出現時，就如圖28所畫出來從最下方V_0開始，V_1、V_2到V_3……數字可以一直加上去。不同階段的願景V，不斷有

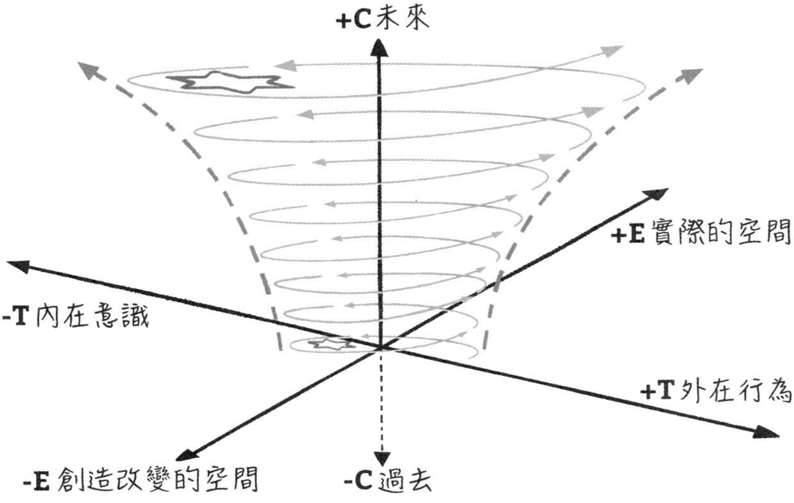

圖29　成長發展的過程，就像立體的漏斗螺旋

新力量啟動VSAI的新循環。

而隨著時間往上走，子女的願景V會不斷擴大。子女的情緒漸漸成熟穩定，更容易覺察落差，並轉換為策略S。之後，當子女累積了知識與經驗，應對的方法A會更豐富。最後，子女變得有力量堅持執行I，累積新成果。

接著，下個新V再出現，變得更大、更高、更遠（圖28）。這就是成長發展不斷重覆出現的循環結構，如果只是被時間強迫推著前進，VSAI不斷原地循環，就會變成那團鬼打牆的毛線球。

漏斗是立體的

自己決定的願景V帶動S、A、I持續發展。而V變大了，對應的策略S、方法A、行動I的循環圈也會變得更大。成長發展是個長大變寬的立體螺旋（圖29）。先前提到放手原則的漏斗（第六十三頁圖1），是這個立體的螺旋邊界。V、S、A、I在螺旋循環往上進行的同時，V成為中心把SAI吸住跟著繞轉，而且S、A、I交互運作留下的軌跡，只會在V的範圍內變動。被吸住、有點亂又不是太亂，就像是第三章（第一一三頁圖5）提到的奇異吸子！

第八章提過當孩子在VSAI多圈循環的練習之後，「小小孩長大」已然實現。一開始家長、老師稱讚孩子，他還會覺得高興開心，因為自己真的不一樣了。但後來要是常常能夠做到，這些事就變得稀鬆平常，漸漸沒什麼好值得稱讚，甚至稱讚還會覺得像是諷刺。接著出現新夢想，例如：我要上幼稚園、要跟某個哥哥一樣厲害、像某個姊姊一樣有氣質等。

VSAI狀態多圈循環升降級的結構，在轉換期子女身上仍然發生：交朋友、去旅行、打電動、學才藝、考好成績、上補習班、看書、玩樂團等多樣面貌。但狀態會在升降級中不斷變化，本來在意的，變得不在意了；看到新事物又提起興趣產生動力。也就是說，那團毛線球不但夠亂，還會逐漸變大、四面八方亂長，難怪準大人子女真難搞定。

子女有了自己的願景V來帶動，就會不斷長大升級。那麼，在第二七一頁圖29中，家長放手的時機，是怎樣的呢？

主動放手，而非被迫放手

回到漏斗原則，子女承擔有責任的能力時，就是放手之時。但子女既然只是準大人，成熟度不足也只能有限度放手。那要到什麼時候才「真正」放手呢？

回到前面說的：在善意的前提下，想得清楚、說得明白、靈活應對、動手做到。子女有能力想得清楚自己在乎的願景V，能說明一層層涵蓋的策略S、找到適用的方法A、用持續的行動I做出結果，實現自己的善意，能完成這個循環，也達到一致和完整性，就是放手的範圍。換句話說，有能力決定V並把它完成，就是放手的時間點。

雖然願景V會升級變大，涵蓋的S、A、I也在改變，在同時間，家長、子女也要面對不同挑戰。但不變的是：子女能一致完整做到的範圍就放手，放手的就是獨立的部分。子女還不能獨立的部分，家長便繼續陪伴、討論和協助。

總有一天，子女能完成的願景V會超出父母的視野，就是完全放手的時候。期待子女獨立，家長要做好放手的準備。

子女獨立了，也會有能力回過頭來幫助父母，就是傳統說報答父母的時候啦！例如我和阿妮，生活上也難免有衝突，家姊、麻吉、諾亞也會來當我們的調解人呢！

放手，並不是特定的時間點，而是漸漸鬆手的過程。然而，因為對子女的愛，父母心態上不可能完全放手，教養的責任不會消失，只會隨著子女的成長，化為滋養他們的泥土，或是變為關懷與惦記。

VSAI的操作原則

因此，家長陪伴子女過程中，要反覆進行以下過程：

- 討論子女最近看見又在乎的願景V是什麼？範圍到哪裡？是否決定為它承擔責任、付出代價。
- 子女能說明白願景V當中存在的落差是什麼嗎？承認並覺察它們，一步步說清楚相應的策略S。
- 子女要學習充實多元多樣的知識，嘗試各種適合的方法A，靈活應變、解決問題。
- 讓子女用堅定持續的行動I，按照時間、地點、合作對象、使用工具、材料等，做出結果。

子女會從這個循環中，知道自己建立了哪些成果，對使用的方法有把握，能判斷落差並對策略布局有信心，勇敢發掘更廣闊的新願景或目標，啟動升級的下一輪循環。整個過程即是在鍛鍊內心VSAI狀態能夠流暢轉換，狀態之間能夠協調一致，最終讓人留下有能力、能承擔責任的印象，也因為被信任而有完整的自由度，最終在時空之中留下自己生命的痕跡。

「獨立性」源起於子女的內心，他們能自己決定V。V的範圍被決定後，立體漏斗的界線（第二七一頁圖29）也會被決定。**子女依賴家長時，漏斗界線是家長訂出來的，此時子女學著如何決定界線。而放手獨立時，漏斗界線是由子女自己決定的，這也呼應了前面說過「說『不』是在決定界線」**。分界線的位置呈現在下頁圖30，分界線是子女和家長相互尊重的起點。總之，當子女能夠提出主張，有能力完成主張，內心的VSAI可以同步運轉，使自己顯現出一致和完整性，就是家長主動放手的時候。

我們陪伴三個子女在VSAI當中一起循環升級，所以話常常聊不完。當中一定有意見不同，但也習慣仔細聆聽彼此的想法、討論、回饋、更新。他們三人長成各自的樣子，也有不同的生活，每逢返家相聚分享他們的經驗，便能用各自不同的視野，擴大彼此的視野。

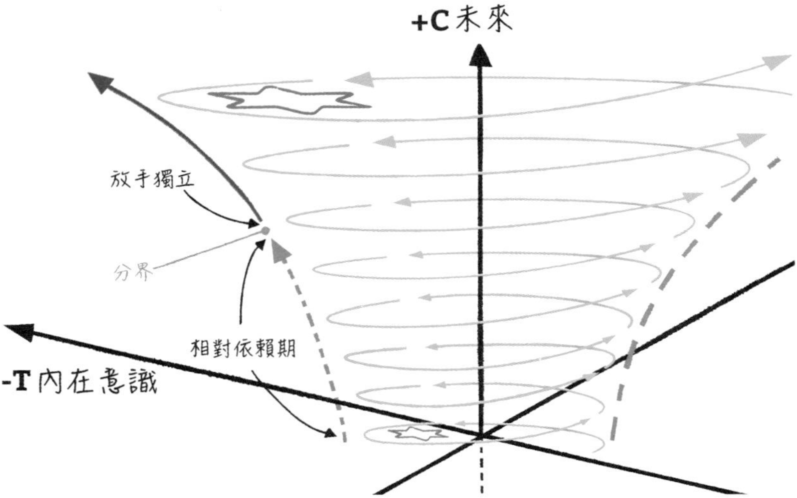

圖30　獨立準大人自己決定漏斗的界線。

從勇敢表達自己的主張開始

陪伴成長學生的過程，我看到不少人內心的破碎不一致、運轉不同步，而且程度各不相同。華人家長對子女的權威度比較強，子女的表達力也就偏弱，有的不敢講出自己心裡在意的事，有的急躁頂嘴講不清楚，更有些是直接退場拒絕溝通。VSAI一致性和完整性的起點，要從勇敢表達自己的主張開始。有主張就會有界線，責任的承擔範圍也會清楚，接著就要開始想辦法，最後付諸行動讓成果發生。

我面對書院的學生，首要之務是讓他們放心，讓心裡的願景V開始建立一致性和完整性。書院的學生自治會經常熱切討論公共事務。我是指導老師，常常旁聽但很少介入，放手他們在討論中覺察彼此的狀態，只有關鍵時刻才出手。當中常看到學生堅持自認正確的二元論看法，同時也期待有人馬上認同他。但是，前一個發言還未得到聆聽和回應，別人卻又丟出其他想法，發言者還沒被肯定，卻因為二元論的慣性感覺被「否定」，由此開始求勝爭辯的循環，或是怒氣爆炸、閉口不言。會議結束，又留下「會而難議、議而無決、決而不行」的結果。

我常常要沉住氣不去干預學生做決定，只幫忙釐清討論打結之處，慢慢讓這群人梳理毛線球。所以，剛開始會改善得很慢。但我知道這是必要的過程。

某次會議又進入爭辯循環，冷眼旁觀的學生鐘依帶頭注意到好像有個循環，馬上跳出來說：「哈囉哈囉！打個岔！大家有沒有發現我們在鬼打牆欸！」他提議：「要不要找個人把討論過程做一下紀錄啊，不然講過的事沒討論完，都一直回到原點吶！」

會議是討論跨校活動的事，大家爭辯得起勁，是真的沒人注意到鬼打牆，鐘依突然提出程序問題，完全脫離原議題。大家靜默了幾秒，沒有人接鐘依的話，又繼續原來的討論。他的主張整個被忽略。不到十分鐘，爭辯果然又回到原點，大家剎時全都反應過來，真的有鬼一直在打牆！鐘依立刻跳起來大吼：「搞什麼東西！我剛就說要做紀錄啊！你們到底要這樣浪費時間到什麼時候？我要退席抗議！」說完立馬轉身就走。

我心想太好了，有人暴怒成這樣，落差感這麼強，是個好用的關鍵時刻！

「鐘依！等一下！」我馬上喊他：「你會生氣表示這件事你覺得很重要、很在意。既然在意但是卻離席了，你的意見和主張就會從會議中消失，你還是留下來吧！」

鐘依如觸電似地僵立，在門前停下腳步，背對會場的身影還在怒氣蒸騰。他頭也不回地輕吼：「我出去冷靜一下，十分鐘後回來！」

不到十分鐘，鐘依悄悄出現在門口，面容毫無表情，但也有一點點困窘靦腆。

在座的同學們統統噤聲，變成了畏縮的小貓。

這場景既尷尬又關鍵。我說：「我們鼓掌歡迎鍾依回來，因為有勇氣才回得來！他真的在乎自己的主張！」滿室鼓掌聲中，鍾依笑了，會議氣氛變好了。

我看見鍾依對於自己在意的願景V被忽視而暴怒，但不知道接下來怎麼辦，就只好用「留下或離席」的二元論來反應。而我看懂燈號，接納他的落差幫忙轉為策略S，面對想要改善鬼打牆的目標。當鍾依恢復理性，覺得有機會找方法A來處理，就採取行動I，回來參與後續的討論。

事後，書院學生的討論氣氛變了，後續每次會議總能看到學生激烈爭辯。但會議結束，大家卻能一起去吃薑母鴨、喝啤酒續攤，而且會而有議，議而有決，決而有行。因為這群勇於提出主張的人彼此相惜。

我被請出會議

過了好一陣子，學生又召開自治會，我照例準時到場旁聽，沒想到自治會成員無人遲到，全體到齊就座。我看到大家表情嚴肅，好像有什麼嚴重的事。主席當著大家的面，說：「恆嘉哥，先跟你說聲不好意思。上次的薑母鴨會後會，我們討論了要怎樣定位你的列席。開會有你在很好，會幫我們梳理討論過程，也常提醒要談到有行動方案才能散會。現在我們的會議很有效率、會後也很有行動力。但現在覺得，就算你不在我們也能做到。」我心想太好了，放手時刻到了。

「所以，請你從現在開始不用列席了。因為如果你在，我們很難再成長。」啊！難怪這麼嚴肅，他們一定爭辯過：這是在把恆嘉哥趕走吧？

不等他們多解釋，我說：「太好了，終於等到這時刻啦！」起初大家微微訝然，但馬上釋然笑開。我又說：「以後你們開會時，我就不過來啦！我會在辦公室忙自己的，萬一再有問題，講一聲我就儘快過來。」說完走出會議室，他們立刻興高采烈討論了起來。

後來，他們偶爾請我進去諮詢，重點談完我就離開。但更多是主席與同學們散會後來分享結論，聽聽我的看法。學生有自己的主張，就會有自己的漏斗界線，線內外就是互相尊重的分界。學生翅膀硬了能自己飛，也會轉過頭來看看我，這種放手的感覺真的不錯。

成長是心裡學會分配力量的過程

鍾依差點退席的會議，目的是要辦跨校活動，裡面牽涉到又多又複雜的工作規畫和分工。而每個分項工作，都有必須完成的目標，承擔目標的學生也會有各自在意的事。「在意」又再啟動了同學各自的V、S、A、I狀態結構。

子女成長發展也類似。隨著生活範圍變大，要獨立決定、判斷、想辦法、處理的事情變多，這些龐雜發生的事會帶來動力，同時也是壓力來源。願景V定義「有件事情出現在子女的視野裡，而且子女會在意它、想實現它，因而產生動力。」動力或壓力，客觀來看都是力量（power）或能量（energy）。

成長發展，是子女需要先被餵養，消化吸收後變成自己的力量，然後創造出成就表現。

家長是子女的外界資源與力量的主要來源，家長餵養子女，他們才能成長。餵養，就是給予力量和能量。除了物質的給予，也包含日常與子女的互動、談話、生活要求、感性的扶持與理性的澆注。家長對子女的鼓勵、擁抱、肯定、讚美是有力量的，對子女的斥責、怒罵、鄙視、輕忽、冷落、撇臉，同樣也有。合適的正向力量，可以讓子女堅強有能力，過度的負向力量會讓子女無法吸收、難以承受，子女只好將它排出變為「成長熵」（entropy of growth）[1]，即化為父母教養或子女成長的無效力量。但無論如何，都進了子女的心裡起作用（見下頁圖31）。

談動力，也要談壓力。如果願景V是「自己決定」的，那就會產生動力；若是由「別人決定」的，子女被迫承接，那是壓力。家長、老師、朋友、親友的孩子……除了自己，其他都是「別人」。因此，家長給子女的餵養和力量，難怪都會伴隨壓力！

教養議題常有兩派相衝突的觀點，一派認為要給子女正向積極的肯定才能長好，另一派則主張要施壓、打擊才能讓子女更堅強。但在正向派的論點裡，也會看到被失控的正向寵壞的子女。迷信打擊派，也會出現負面壓力大到精神崩潰、親子

1 「熵」（entropy）（讀音同「傷」）為熱力學第二定律，指涉這個世界的能量交換，在獨立且封閉的系統中，它的自然趨勢無法逆轉，會朝著平衡方向演化，最後會失去能量間的落差，進入混亂到最後造成系統崩潰進入一片死寂的現象。此處借此概念，比喻父母教養或子女成長的無效力量。

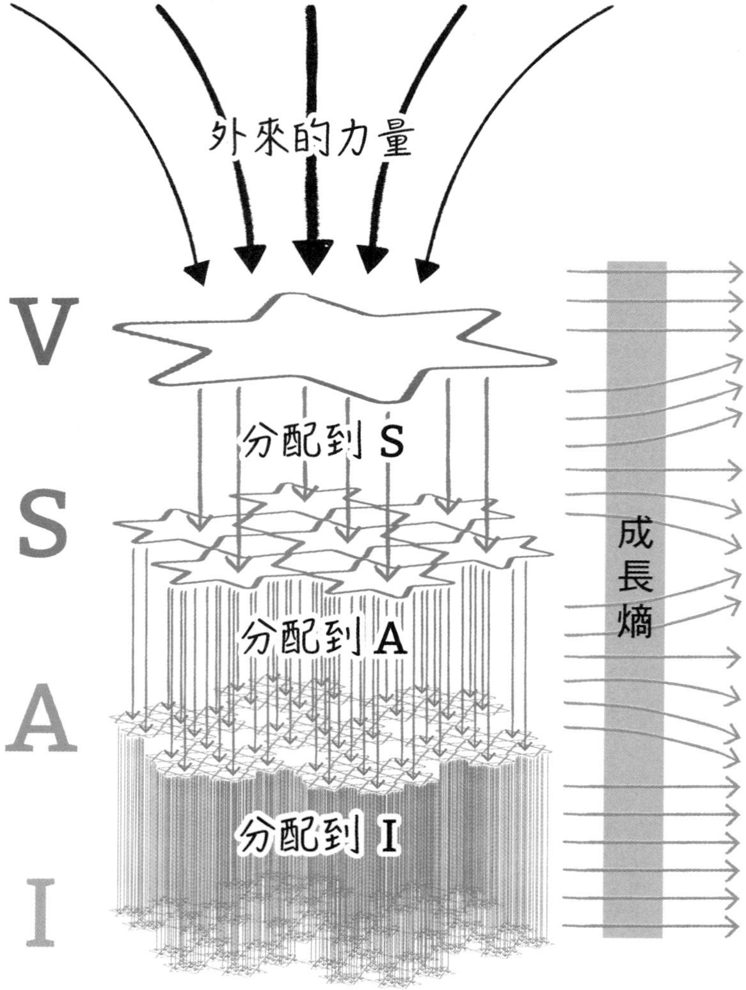

圖31　教養的力量進入VSAI結構的流動與分配

關係破裂的結果。是動力還是壓力？施加的力量大小，三者之間會組合出好多變化，真是很大的挑戰！

家長給子女施加的力量，就像熱力學中「耗散結構」這種可以和外界交換能量、物質和熵的「非平衡系統」。無論是正向或負向的力量，都流進子女的心裡，而且在他們的VSAI碎形結構當中流動、思考、分配和轉換（見圖31）。

為了讓讀者更容易理解，我們把本書所有圖像做成一部動畫。請掃描本章文末處動畫二維碼連線觀賞。

教養的力度

外在壓力的好壞，關鍵不在正向或負向，如同紅綠燈比喻強調的，不管正、負向都是中性的。因此，第一個關鍵是施加力量的大小；第二個關鍵是子女承受、接收、分配這個力量的能耐。兩個關鍵因素的交叉組合，就是教養力度的判斷考慮根據。

正向力量如果大於子女VSAI的系統所能夠承接，像是打高空的口號、虛浮的誇讚，最後會使子女把事情看得太容易，或浪費投入的物質資源。例如：想有好成績，就送很貴的補習班。買參考書，但讀不好仍然肯定他。想學攝影，買最好的相機、拍得不好還是稱讚他。雖然都是正向的支持肯定，但子女沒有釐清VSAI的每個環節，讀書沒有明晰的策略、沒有靈活適用的方法、缺乏具體的行動細節，就無法產生預期的成果。失控的正向不會帶來效果，最後變成寵壞子女、沒有成果、投資泡沫化的過眼雲煙。

而負向力量大於子女能承受的，就會打擊、壓垮子女成形中的VSAI結構系統。具體傷害在許多教養書籍當中已有許多討論，但如果子女的VSAI結構系統可以承受，負向力量反而是好的刺激與考驗。讓子女反思覺察自己能力不足，意識到落差的存在，轉換為創造性的策略S，又能夠激發新的V而帶來動力。

當然，外來的力量如果灌注壓力太小，也無法進入子女心中，不痛不癢，無論正負向，就也很難形成影響力。因此，子女的心受傷有兩種：「壓力過大」或是「承受能力不足」。堅強也有兩種：「壓力剛好」或是「子女承受能力足夠」。

過度正向造成泡沫化、過度負向則會壓垮子女，或是給子女不痛不癢的力量，對子女的發展成長沒有幫助。最後浪費了力氣和資源，而且還會外溢造成混亂，投入的力量真是「熵」成一團亂。優質的教養，就是讓家長和子女處在低熵的狀態下，不浪費力氣、有力量前行。

不怪他，也不放過他

面對這些組合與挑戰，我們會抱持「我永遠會原諒你，但卻不會放過你」的原則持續陪伴子女。因此，我和阿妮在生活上對待孩子的態度是：哇！你做對了，真棒！但高興個幾天，大家開心夠了就好，後頭還有很多事要做。犯錯的時候，我們一定會說出沒做好的地方，但也體恤他們的心情，聆聽接納他們的難過、失望、悲傷、不滿。

為了驗證我們的教養力度是不是剛剛好，有一次我把兩個兒子找來聊。

「我和媽媽對你們很有要求嗎？」兄弟立刻回答：「很要求啊！」

「我們會不會很兇？」兄弟倆毫不遲疑地回答：「會啊！」

「那你們會害怕或討厭我們嗎？」兄弟直覺反射回答：「不會欸！」

「那我們講的話和給的要求，你們都會聽嗎？」兄弟倆又立刻回：「都會啊！」

「那你們覺得爸媽有趣嗎？」兄弟倆：「有趣啊！」

聽到他們的回應，真是開心我們有保持在低熵狀態。

面對準大人的學生，我也是用「我不怪你，但也不會放過你」的態度來陪伴他們。因此，學生會覺得與我互動相處時，正、負面同時存在的反差感受很明顯，但卻能夠長期持續相伴前行。以下和讀者們分享學生們給我的回饋：

如果用一句話形容，恆嘉哥是「既奸詐又愛你的好人！」每一次的對談中，他的親和力與智慧總像認識許久的好友，彷彿看透每個人遇到不同難題時所會有的人格行為模式。（國鴻，男，41歲，台北，部門營運總監）

修了恆嘉老師攝影課幾年下來，得到對我的八字箴言：「感覺天才，技術白痴。」至今仍不知道這是褒還是貶。轉眼二十多年過去，他那雙笑起來眼珠就消失的瞇瞇眼，代表的不是隨便、好商量或沒脾氣，而是更深層的原則和邏輯。我見過他撕碎學生的作品扔在地上，也有人聽完相片解析後淚流不止。他用一種不帶任何批評，只問你「為什麼」的方式，就能建構出連你自己也不認識的人格。我相信這不是預言也不是算命，在那裡面蘊涵著更強大的思考模式。他教會我兩件事：一是不逃避現下的障礙，二是面對自己的軟弱。所以，即便我未取得人生正規清單上的成功，生活仍無比精彩。（星星，女，35+歲，台灣，自由接案工作者）

和嘉哥的相處會覺得「累」，因為他很少會給你直接的答案，指點你的人生應當如何如何過。他是給你不同視角和思維邏輯的人，所以你不得不「累」著往前走，探索屬於你的可能性。最後你會發現，自己的視野和思維寬廣無比。

（Anni C.，女，29歲，紐約，碩士生）

嘉哥是一個人的鏡子。我們在生活中總是藏著各種小心機，為了更加舒適地表達，會不斷調整自己的言行。但與嘉哥進行更加深入的交流之後，他總是知道你的小心機，反倒逼著你去撕開外表的偽裝，袒露真實的內心。同樣地，他也將自己赤裸裸地暴露在你面前，直言你的優點，你的缺點，你害怕的東西，你憎惡的東西等，一覽無餘。這種感覺，是一種前所未有的體驗。我也想成為別人的鏡子，既堅持自己的需要和立場，又對他人的言行舉止不加評價，給予沒有保留的尊重。

（Jarret，男，22歲，澳門，大學生）

無論是子女或學生，陪伴他們一起走過在乎的願景V，把落差轉換為策略S，苦心尋找方法A，支持鼓勵他們的行動I，透過講話的內容、語氣、情緒、表情、行動等表達出來，讓他們心裡的很多力量能夠好好流動、轉換、分配、外溢。舜宇參與氣候變遷大會、若晴沒緩衝被迫獨立、孟鈺說什麼也要凌晨出門、鍾依在自治會的離席、豪廷要學會正向敘述……還有許許多多學生，每一個人除了名字留在我心中，還有他們生命的力量在我心中刻下痕跡，留下一張張狀態清晰、結構完整、力量從容流轉分配、讓生命發生成果的動態圖像。

▲ 本書圖像動畫
二維碼掃描處

本章重點

- 成長發展，是子女的VSAI不斷在心理空間中循環上升的過程。子女需要先被餵養，消化吸收變成自己的力量，然後創造出成就表現。
- 子女能一致完整做到VSAI的範圍就放手，也就是能獨立的部分。還不能獨立的部分，家長便繼續陪伴、討論和協助。
- 總有一天，子女能完成的願景V會超出父母的視野，那就是完全放手的時候。陪伴子女主動升級新的V，才是真正超前部署。

學習與反思

- 討論子女最近看見又在乎的願景V是什麼，範圍到哪裡？是否決定為它承擔責任、付出代價。
- 請子女學著說明白上述願景V的落差是什麼？承認並覺察它們，一步步說清楚相應的策略S。
- 上述的策略S，有多少種方法A可以滿足？相關的知識是什麼？可以找到什麼工具？
- 決定好A了，接下來子女的行動I的計畫是什麼？需要多少時間？什麼時候開始？從哪件事開始？在什麼地方開始？會跟什麼人合作？需要什麼工具和資源材料？
- 如果子女現在的V完成了，你們看到下一個願景V是什麼了嗎？

第 10 章

成為有力量的獨立人

用VSAI的思維陪伴子女

在陪伴引導學生的過程中，我長期使用VSAI碎形思考，磨礪它的結構。但自己做為家長，最在意的是這個思維結構，也要能幫助子女成長到獨立又有力量！在他們的獨立轉換期時，同樣是我們最被考驗的時候。

最開始，這本書的緣起源自三個子女在網路上流傳的故事，網民評論好奇為何家長能這樣應對？學霸家姊覺得讀書沒意義，竟然放膽休學去蘭嶼？麻吉離家出走，我們竟然還能心平氣和領人回來？而諾亞在短時間內成績飛躍、又保持住學習動力，是如何能做到？前面章節談完VSAI的碎形結構，終於要解密在子女的關鍵時刻，怎麼用它做判斷，幫助子女得到力量，走向獨立。

要看懂子女的VSAI思維結構，首先是辨識、判斷事件當下心裡的狀態。

- V是子女心裡在乎的願景，或期待發生的結果。
- S是子女的V不符期待而感受到落差，用情緒表現出來，藉由家長的聆聽接納承認後，轉為策略。

- A是有了策略S後，子女回到理性思考，憑藉知識找到走向願景V的方法。
- I是根據合理的A，付出許多行動並得到結果。最後讓願景V一步步實現。

實際上，VSAI狀態不一定照順序出現，但因為它們互相連動，只要出現任何一個，都可以成為毛線球的線頭，拉出後面另外三個狀態。辨識出子女的VSAI的狀態後，接下來關鍵的應對方式是和子女同步（synchronize）面對狀態。出現V，就是無條件肯定。出現情緒落差，就是聆聽、接納、承認並轉換為S策略。冷靜了，就可以談知識、講道理、找方法A。有了方法，就堅持行動I到有結果，並為他們鼓勵和加油。每個狀態都照顧到，子女心裡感受完整一致，力量就漸漸長起來了。

接下來要和各位分享的故事，就從家姊休學去蘭嶼的部分開始吧。

家姊的蘭嶼教育實驗

家姊小學五年級時，有天問我：「爸爸，為什麼電子會有上自旋（spin up）和下自旋（spin down）？」

「啊？」我心想：「這是什麼問題？我聽不懂。」面對孩子，一向有問必答有題必究。然而連問題都聽不懂，我只好淡定地問：「妳這個問題哪裡來的？」

「書架上的《愛麗絲漫遊量子奇境》，讀不懂就問你啊！」

於是，我們費了番功夫查詢，也請教清華大學的好友；弄懂後她就心滿意足繼續讀它去了。

她的班導是體育老師，曬得有點黑，姓白。有天和阿妮說家姊上課不專心，但成績好，明顯課程都懂，卻造成授課老師的困擾。

回來後，我們討論女兒可能是資優，是否要申請跳級？我說：「為什麼要跳級？」

「因為學校教的東西都懂了，沒跳級會不會可惜？」阿妮問。

我回答：「都懂，那很好，不必跳級啊！」

「但是，多出來的時間要做什麼？」阿妮問。

「去玩啊。功課懂了、完成了，就去玩啊。」我說。

回頭和白老師商量，上課時容許她讀與課程相關的書。老師答應了，最後也沒有跳級。

國中之後

上國中後，我們掛心她沒有深交的朋友。同學們趕流行、追明星，她在想宇宙的起源是什麼。

我們隱隱察覺寂寞伴隨著她。於是我說：「妳成績很好，有機會考上區域最好的高中。同學們程度相當，就能一起談天說地，把那些道理聊個夠。」我看到她露出了期待的笑容。

果然她考上了。但我們暗暗擔心她在鄉下讀書，從小又不補習，眾強環伺下，會不會在高一首次考試後信心遭受打擊！畢竟學校裡太多人從小名列前茅，很難忍受再也不是班上第一名。我們心想能考進這學校就很優秀了，就算是全年級四、五百名之內也很好，萬一掉出這個範圍，再來鼓勵她別喪氣。於是，我們戰兢迎接她第一張成績單。

成績單拿到，發現她在全年級六百個學生中排名第六。看來進階一些的內容還是有讀懂的，那就可以有時間繼續做些自己喜歡的事了。

「爸爸，你騙我！」

高二某一天，回鄉下看阿公阿嬤。回程在車上，家姊促不及防甩了這話給我：「爸爸，你騙我！」我驚訝看著她。「我們學校根本沒有你講的那種人。每個人都一樣：讀書、考試、拿成績。沒人在享受知識的美好。」車前窗玻璃映著女兒滿是淚水的臉龐，說：「我不想上學讀書了。」

陪伴學生的多年經驗告訴我：這回是自己的孩子有狀況了！

車子前行，家姊在座旁不斷流淚，我只能緊握方向盤認真聆聽。我知道每個人不一樣，沒有公式可以套用。唯一的出路是問她：「好，現在我可以做什麼？」

「爸爸，你車子就一直開一直開，不要停下來。」她說。

「可以，我會一直開下去。」慶幸台灣是個大島，開下去頂多是環島。

行車中，家姊娓娓訴說在知識海洋中獨泳的孤寂。沒有人跟她享受物理的宏偉，數學的美好，化學的繾綣，生物的奧妙。這種寂寥，使自己失去了讀書的動力。聽完，我馬上做決定：「那妳就停下來不要讀了。」

「可以嗎？」她不可置信地睜大眼睛看我。

「我是妳爸，我說可以就可以。回去我跟媽媽商量怎麼做。」

車子開到沒油，停在大度山南寮步道邊坐看夕陽。

與阿妮幾周的討論安排後，我說：「妳辦休學，麻吉和妳一起去蘭嶼住半年。家裡不夠錢支付你們的生活費，那邊蘭恩幼稚園缺人手，妳去打工換宿當助理，有吃有住，沒有薪水。下班後的時間都能自己安排。」

接著說：「你們去蘭嶼，在安全活著回來的前提下，有三件事情要做到。」她和麻吉認真聽著。

「要去跳當地人捕魚的海。去海裡時，務必要和族人一起，並且嚴格遵守禁忌。其次，至少環島一次。因為沒駕照，只能騎單車或步行。最後，離開蘭嶼時，認識的人會哭著要你們回來看他們。」我和阿妮陪伴姊弟搭了飛機過去，打點好生活事宜就回台灣了。

蘭嶼是個奇妙又美麗的地方，太平洋喧嘩有力的湧浪竟能撫摩安慰人心。在滂沱大雨與雷轟閃電中同步欣賞黃昏落日。黑暗天幕下雲間放電直貫東西，瀝瀝雨聲卻也同時伴隨皓月明星。

六個月後，姊弟兩人回來，全部曬黑皮膚粗糙，麻吉頭髮長長半年沒剪。

失敗的教育實驗？

開學後一周，家姊來跟我說：「爸，我覺得你們把我和麻吉送去蘭嶼的教育實驗是失敗的。因為我還是找不到讀書的動力，不知道為什麼要讀書。」

「欸？為什麼這樣就是失敗？」我說。

「你們大人的心態不都是這樣嗎？小孩鬧脾氣，拗不過就辦個休學。覺得休息夠了，回來就好好讀書，別再鬧了。」她說。

「我和媽媽有說過，妳回來之後就要好好讀書嗎？」我問。

「欸……？」這下子換她狐疑了：「好像沒有。」

「對，沒有。但妳們去之前我說一定要怎樣？」我問。

「跳海、環島、交朋友。」她想了想說。

「對！那你們做到了嗎？」我問。

「做到了……喔……欸？那好像也沒有失敗。」她狐疑卻認真盯著我看。

「是，沒有失敗，但也沒有成功！因為妳還不知道什麼事發生在妳身上。」我斬釘截鐵直說。

她思索著離開了我的視線。

阿妮說：「感悟不會這麼快，大概要半年後才知道。」

果真半年後某天，家姊放學回來放下書包，馬上說：「爸，我去蘭嶼的感悟出現了。」

「哇！真的嗎？妳等一下！」我轉頭衝到廚房叫：「阿妮！阿妮！家姊要講在蘭嶼的影響了。」

不顧晚餐煮到一半，阿妮立刻關火笑咪咪跑出來：「快說！快說！我們都想聽。」

「我的體會就是：活著，就要好好活著。」家姊說。

「蛤？太哲學了，我們聽不懂，妳多講一點？」我和阿妮露出困惑神情。

「我的意思是：人活著，是用生活上很多事情連結起來的。吃飯是生活，睡覺是生活，聊天是生活，讀書、考試、成績、打電動、看漫畫……都是生活的一部分。雖然從小你們給我很多空間，但每周五天都在讀書考試，很多時候感覺生活只剩下功課，所以就開始懷疑讀書的價值。但我在蘭嶼的這半年，生活當中少掉了讀書、考試、拿成績，其他的事都還在。陪小孩玩是生活，幫小孩把屎把尿是生活，放學跟娃娃車環島送小孩是生活，週末自己做飯是生活，跳海撈貝捕魚是生活，發呆亭聽浪是生活……其實一切都包含在生活中了。讀書、考試、拿成績，也就是生活的一部分，不必特別讓自己陷在其中。」

這體會出乎我們的意料：「太好了，我們喜歡妳這個領悟。」

「不過，我還是找不到讀書的理由，但我甘願讀書啦。」女兒補充了一句。

「喔，那是妳的事，妳自己覺得好就ＯＫ。」我們異口同聲地回應了她。

近學測前，某日晚上十點，我走到她身邊說：「好啦！大考快到了，早點去睡啦，別再看了。」她頭也不回地揮揮手說：「等一下，我看完這集就去睡。」她在看電子版漫畫《進擊的巨人》。因為怕滑手機傷眼力，我找了鏡像投影把畫面投到電視螢幕。大畫面讓她看得津津有味。

收到學測成績時，我和阿妮很緊張地打開來看：滿級分！

她放學一進門，我們興奮、激動，又叫又跳圍住她：「哇！妳滿級分欸！妳滿級分欸！有沒有很開心？」

她一盆水潑來冷冷地說：「把書讀懂就是生活的一部分，滿級分只是順勢而來的結果。有什麼特別要高興的？」

我和阿妮對視了一下，默默走開去盛菜、拿碗筷、準備吃晚餐。高興，五分鐘就好。

家姊休學的VSAI解析

面對家姊這麼巨大的挑戰，應對的方式比較複雜，而且前後加起來是漫長的一年。當她流淚說「爸爸，你騙我」並要車子別停的時候，就是明顯有了強烈落差，情緒紅號亮了，負向落差出現。首先該做的事是承認與接納，先讓她的紅燈亮著，接下去才能轉為策略。因此，我回應「可以，我會一直開下去」後便啟動聆聽、接納、不做價值判斷，並且把車子開到沒油，接著散步看夕陽，讓她把心裡的事全部講完，給信號燈亮個夠。

接著是簡短柔和地提問題，不說教、不搶話，讓她娓娓道來生活中發生的事。那是好幾小時的聆聽與對話。讓落差完整出現，我才有機會轉換出策略S。整個過程像在慢慢拼圖，直到看見在乎的願景V：家姊豐富的思考缺少同儕可以分享，所以很孤單。從她講的話，確定她的V破滅了，失去V就讓上學的動力消失，再硬推就會讓人更絕望。所以她得重新找V。然而，自己決定的V才有力量，我們給不了，但家姊也講不清楚。所以，她自己的落差沒有轉成策略S，更不可能談方法A。

但我卻有更寬廣的角度：現在的她，是過去十幾年的教養和教學塑造出來的。她的V卡住，顯然和教養方式以及教學制度有關。也就是要承認落差是我們和環境造成的，而這個落差大到超乎家姊可以承擔：不能和同學分享知識的美好、資優生的寂寞、沒有知心朋友、學校課外活動無趣、校園生活太單調。因此，得由我和阿妮把這種大落差轉換成大策略S，所以我立刻答應她可以喊停辦休學。由我們把策略S頂起來，所以我說：「我是妳爸，我說可以就可以。我會和媽媽商量。」

家姊要長出自己全新的V需要時間，但現有的環境就是阻礙來源之一。還好她從小累積了足夠的生活能力，所以我和阿妮決定放手讓她遠離現況，脫離原生家庭教養和教學體系的大落差，轉變為她的療癒策略S。

家姊被大策略S接納後，她的療癒小策略S跟著出現，心情馬上變好。接下來去哪裡、怎樣過生活、如何注意安全……對方法A就有豐富的討論和充分的準備。姊弟互相照應的生活多要自己動手，放下學生身分與當地人一起工作，除了要運用累積的知識，也可以培養交朋友的能力。比較原始的生活環境，可以重新啟動五官七覺，讓學習管道不再限制在課堂。要讓這些事發生，我們找過不少地方，最後發現蘭嶼的打工換宿是很合適的做法，於是就讓她付諸行動I了。然後我們用跳海、環島、交朋友當成行動I的主要指標，放她和麻吉用五官七覺的多重感知，重整心裡的碎形思考層次，讓生活重新開機。

蘭嶼有豐富的感知輸入

在蘭嶼，讀書考試拿成績的任務不再重要，父母親指指點點的干擾也變少，他們可以從日常生活的種種行動I專心面對自己，打開身體全部的五官七覺。發呆亭裡的海風、含涵海鹽的水氣、浪濤水奏、煮食的焦氣、不是台味的雅美達悟、斷電提水的不便……緩慢又細緻地重新活化面對自己情緒、感受、思考方式的察覺力。

在蘭嶼，行動I的學習是能交到朋友、把衣服洗乾淨、早餐吃冰的螃蟹會拉肚子、跳海要游得回來、閉氣深潛捕拾活海膽、照顧好幼稚園的孩子、鏽透的單車需要維修保養才能騎……都是生活各不相同的真實面貌，不再是想像和模擬。經過五官七覺累積的知識，層層疊加的細節會出現，走出教室才有更大的教室，遠遠不是用一百分就能解釋的，可以一百、三百、五百、一千、上萬……無限加添，也可以小數點十分位、百分位、千分位……往細部探索。

最後的兩個月，姊弟比較常打電話回來找我談心聊天、思考激盪。這些對話，沒有特別記錄，但有次長聊完，姊姊在臉書寫下了：

> I can't agree with you more, Dad. 感謝我們互相激盪（……多數應該都是你激盪我。
>
> 哈哈哈，我真的沒有想那麼多……人家問我來這裡的理由，我常覺得自己可能是硬掰出來的。總之我就是在這裡了。
>
> 而且我開始真心去做一些事，真心去關心、去喜歡、去討厭、去選擇，這樣就讓現在的我很滿足了。
>
> BTW，我就生存給你看！

回來復學後，家姊找到了「好好生活」又大又新的願景V，心裡的VSAI層次重新升降級，看懂讀書拿好成績，是被主流價值定義出來的V，但把它降級成生活方法之一的A，好好探求知識也無妨。因為有了升級版的新願景V，策略S又明白，專注於生活中的A和I，就能從容又有動力地過好每一天，所以才會說「好好生活，考滿級分只是順勢而來的結果」。

我們家有學霸家姊，但也有離家出走的兒子麻吉。他，有自己獨特的思考和行動方式。

麻吉，離家出走了

十二月底，將近午夜十二點，十二個小時手機一直未能撥通。我和阿妮討論：國三的麻吉失聯了，完全不知道人在哪裡！看來要報警協尋失蹤人口。

當我在門口要去派出所時，看到諾亞把哥哥的床位鋪得整整齊齊，厚厚暖暖。他難掩落寞地說：「希望哥哥趕快回來，他在外面一定又冷又餓！」

麻吉上小學時，有個數學題目是在比大小。我們發現麻吉寫的答案時對時錯，而且對錯沒有一致的邏輯，於是阿妮親自教他數字大小的概念。

講完觀念，她溫柔地說：「來，我們看一下這是零、一、二、三、四、五、六、七、八、九。你說是六大還是九大？」

「六大！」他答。

「啊？為什麼？！」阿妮驚訝地問。

「九大！」大人的訝異對小孩很有壓力，麻吉換了答案。

「到底是六大還是九大？」我在一旁也急得加入詢問。

「六……？六……？六……！六大！」他又猶豫地換了答案。

看來語氣的壓力真的太大，怕會干擾他的判斷，我們換回溫柔的聲音：「好，我們沒有在生氣，不用害怕。你說說看，究竟是6大還是9大？」

「六大。」他肯定地說。

「喔？為什麼呢？」我們更加輕聲細語了。

「因為這個六寫得比較『大』。」麻吉說。

我和阿妮面面相覷。真的，六是寫得比九大。他看世界的方式很不一樣。

雖然如此，我們認為用心生活，處處都是學習，學校的考試，答錯改正就好，我們也不特別在意成績。只要完成學校規定的作業，就讓孩子做自己想做的事。但他們必須學做飯、打掃家裡、刷洗浴室、洗衣晾衣。當然，書架上百本書也任由他們取閱，讀不懂就來和爸媽討論。

上了國中，大家一同面對教學體制的磨練。我們雖相信學習不只是課業，然而被進度追趕卻是現實的壓榨。我們希望麻吉的思考和學習不要被追趕進度的體制綁架，應該照自己的速度從容行走。

討論家姊去蘭嶼的安排時，我們靈機一動，那就姊弟兩個一起去吧！因為蘭嶼很慢，從容不急，兩人也可以互相照應。於是姊弟一起去了蘭嶼，跳海、環島、交朋友。

老師說，蘭嶼國中幾乎都是學生轉學去台灣，竟然還有轉學進來的。

幾周下來，麻吉說：「我已經做了慢慢生活的準備，但蘭嶼也真是太慢了！」

不開機就不准進家門

回台灣後，雖然親子談話聊天時間不少，但麻吉用自己的步調生活，當父母的也要付代價。他出門常常關手機，這會讓我們擔心。

那天我動氣了，大聲對他說：「開機接電話，不是要限制你，這是最後的安全界線！萬一有事才能找到人、救到人。你再不開機，到時候就不准進家門！」話停在這裡，我沒說的是：「你站在家門口說清楚關機的理由再進門。」

吼完，我見麻吉露出一抹黠笑。第二天一早，他出門後就關機了。

派出所報案協尋後，我們一切生活如常，因為相信上帝知道麻吉在哪裡，會有天使照顧他。兩天後的凌晨四點，電話響起來：「許先生，這裡是台北市敦化南路派出所，你兒子找到了。」

哇！台中到台北超過一百五十公里欸！我立刻起床開車北上。到了派出所，警察先生一副「人找到了就好，別罵孩子……」的勸和表情迎來。

我視線跨過警員的肩膀，喊：「麻吉！你出門一定忘了帶牙膏牙刷對吧？幾天沒好好刷牙，一定很不舒服。」一聽到這話，警哥愣了一下就掉頭回座位去了。

「哈，對啊！你怎麼知道？」兒子邊笑邊吃派出所給他的早餐。

「我是你爸，我當然知道。你等著，我去買支回來讓你好好刷個牙。」我說。

辦完領人的手續，我問他為什麼要離家出走？

麻吉回答：「你說手機不開就別回家，我想這太好了：關手機就可以雲遊四海。剛好《Destiny》電玩遊戲設定集在台中找不到，台北的誠品書店應該有。」

「結果找到了嗎？」我問。

「都來台北兩天了，當然找到了。」他說

「那你帶我去看看那是本怎樣的書，這麼值得你不告而別上台北。」我說。

我們開往信義誠品旗艦店去，麻吉鉅細靡遺地講了一路怎樣到台北。

他打包了些家裡的食物，背了畫作，騎上通勤等級的單車一路往北走。沿途車壞了，恰好遇到環島單車隊幫忙修好繼續走。沿路他注意到台中到苗栗的地理與人文景觀的變化。其中一段騎錯上了高速公路，被拖救車攔下來，司機唸了他一頓，順便送到新竹。天黑，累了就在便利商店休息。後來騎不動了，在新豐火車站用九十九塊錢買票搭了台鐵區間車上台北。

「你怎麼知道往台北的路？沒有迷路嗎？」我問。

「啊？就城市遊俠啊！路長在嘴巴上，問就知道了。」他一派輕鬆。原來是我教的！我又問他出走才帶兩百多塊錢，怎麼過了幾天，身上還剩一百多？有沒有餓了、渴了？

「我都吃得很飽，沒餓沒渴。」他說。

我很驚訝：「為什麼？」

「便利商店每天都有過期報廢食品，我就等著正午夜，一過期不能賣必須報廢，他們就當我是遊民送我吃了。都能吃，不差這一分鐘。」哇，好樣的！

離家出走有獎品

到了誠品停好車。他毫不遲疑從地下四樓停車場穿梯過間，直衝地上四樓，繞過重重書枱，轉過憧憧書櫃，直行到美術書區，拐了個小彎，手往上一伸，逕從第四層架子把《The Art of Destiny》抓下來，說：「就這本。」我看了一下，美侖美奐的插圖加上全英文圖說。

他說他已經全部看完了。我想想便說：「那你解釋內容給我聽。」

麻吉從第一頁翻起，逐頁講人物、武器、載具的設計理念、造型、配色……。我自恃英文尚可，對照裡頭的文字看他能講得有幾分真切？

整本二百多頁，真講得八九不離十！

我說：「喜歡嗎？」他眉開眼笑點點頭。「爸爸買給你。畢竟可以出走這麼遠，還能過三天，很厲害。就當做你的獎勵吧。」

他笑得合不攏嘴，接了我的話：「那我可以再多要一本提姆．波頓（Tim Burton）的傳記嗎？」我愣了一下：兩本加起來很貴欸！嘴上卻爽快答應了。

以前我的建中攝影社學生剛好回台省親，當天準備返回加拿大，就順便送他去機場。他問我怎麼突然跑來台北？我據實以告。聽完，他先對後座的麻吉豎起大姆指給了讚！轉頭對我說：「就是你這種人當爸爸會做的事。」

回來後，一家人跟他聊了這幾天的經歷，阿妮這時才放鬆心情，給了麻吉大腿一巴掌。

第二天，學校輔導室要我們去說明狀況，因為老師們也很擔心。剛好我把前一晚聊天過程錄了影，順便播給輔導中輟生的老師看，免得多費唇舌。

兩位老師看完說：「這樣的家長，我們也沒什麼好擔心的了，那就結案吧。」

麻吉離家出走的VSAI解析

麻吉離家出走，是從行動I開始。說走就走，人就失聯了。

當我到派出所，用忘記帶牙刷做見面開頭的話，是為了快速消除他害怕被罵的負向落差，也表現出接納的態度，讓他很快有安全感。接下來我主動詢問聆聽，麻吉就詳細說明出走的過程，很快就看到願景V是找書。如果，家長對子女臭罵一頓，反而會卡在負向情緒、加大落差感，更難看到他的V。

知道V是找書，我決定無條件肯定，所以就開車載他去誠品書店，確認他策略S、方法A、行動I的完成度。他流暢地找到書，而且認真花心力整本讀過，這些執行I的成果，證明了他的認真！

整個出走過程，他把各種方法A用執行I串起來，例如準備食物、金錢、騎單車、持續找到食物來源、尋找休息點、問路、換搭火車，就算遇到困難仍然堅持執行I，克服在台中找不到書的落差，很有策略S的到達台北，並且找到書完成V。因此我決定不惜鉅資送書，做為全部行動I的鼓勵與支持。能這樣出走，這次的VSAI結構和層次實在太完整，夠厲害了。後來幾年，他說當自己遇到挑戰時，會想當年做到獨自上台北過三天，眼前事情再累再難，就挺過去了。

麻吉也去蘭嶼的VSAI解析

麻吉和姊姊弟弟不一樣，有興趣的東西比較偏美學、藝術創作以及哲學神學類。他常思考人生的意義和價值，也常感到生活虛實交錯，類似電影《駭客任務》（The Matrix）紅藍藥丸想脫離夢中的感覺。於是不容易從學校生活、交友、讀書、玩樂的生活事物當中獲得滿足感。

這些哲學、藝術感觸和重視生命的意義感，和同齡人聊天會不夠有意思，反而喜歡找老師、長輩談話。我留意到他的願景V懸在抽象靈性層次。而且對於情緒、感受、生活的落差又很敏銳。台灣的教育體制並不鼓勵哲學思考，所以落差很大，方法很少，只能透過閱讀、找人聊天、找校外資源來試圖轉換為策略S。

教學體制嚴密的要求，迫使麻吉的成長發展顯得離散碎裂。我們認為讓他自學或就讀實驗學校是相對好的方法A，但實驗學校的學費遠遠超出我們的能力。即使想自願留級或休學，義務教育法規卻不容許，所以還得另外想辦法。

麻吉的I行動力強，但比較散亂，想做就做，雖然容易帶來試誤（trial and error）的代價，但只要在「沒有生命危險，沒有信任破產，可以繼續溝通」的界線內，就放手讓他從行動I探索，並與我們保持討論、思考、閱讀、行動，就能用他的獨特模式成長發展。蘭嶼體制壓力小，生活、人物面貌和台灣不同，自然環境又有靈性之美，有機會開啟和重整自己的思考和行動，便轉學和家姊去了蘭嶼。

接下來我們看看諾亞在國二的時候，學習動力突然變強、成績變好是怎麼回事。

問題小孩許寶傑

諾亞從小成績不特別突出。學校生活焦點不在課業，倒是交友很有一套，很少聽說誰跟他合不來。

讀公立幼稚園時，有天阿妮接他放學，走進教室看到女同學斜靠他的肩膀，長髮垂縷，相互依偎，背對門口的倆小絲毫沒發現家長來了。

阿妮掩住驚訝，輕喊一聲：「諾亞，我們回家啦！」女孩緩緩側身抬頭，諾亞不慌不忙拎了背包轉身起來。

「你們在做什麼呢？」阿妮問。

他泰然自若：「她喜歡我啊！」

人緣好，長知識也重要。我們鼓勵孩子看書，自己也跟著讀。

經濟條件有限，只能藉助鎮上書店或圖書館的繪本童書填飽知識養分。他們一進書區就是幾個小時，現在想想真是為難了書店老闆。

繪本或漫畫，都是孩子百看不厭的。對幼兒而言，重覆看同本書是極為重要的事，因為大腦建構神經連結，重覆刺激會有幫助。所以即使同一本書翻到爛，我們都不阻止孩子一直讀。然而，抽象思考能力卻必須透過文字閱讀才能達成，繪本或漫畫有其極限。

小學三年級某天，我對諾亞說：「你看書懂了很多事，有沒有覺得自己很厲害？」他點點頭。

「想不想變得更厲害？」他瞪大眼睛用力點頭。

「爸爸告訴你，要變得更厲害，就要看字多的書。圖愈少，你就愈厲害喔！」

從那天開始，家裡的繪本和漫畫漸漸消失。換成《貓戰士》（*Warriors Super Edition*）、《海豹神兵》（*Rogue Warrior*）、《蘇老師搿化學》、《空想科學讀本》、《科學人》雜誌……都是字多圖少的書。

隨著年紀漸增，書讀多了，只要我在家裡，諾亞總會跑來問問題。

「爸爸，為什麼唐明皇會愛上楊貴妃啊？」他問。

我放下帶回家的工作，認真轉向他：「欸！這個問題太好了。我們一起來查查看……」

翻書，上網查內容，討論了十來分鐘，他滿意地走出房門。

不過兩分鐘，又來站在我身邊：「爸爸，為什麼黑洞會把所有東西都吸進去，然後光線也跑不出來？」

「這問題太好了。我們一起來查查看……」翻查討論，再次開心地走出房門。又兩分鐘，再度進門：「爸爸，為什麼運動後的乳酸堆積會造成肌肉痠痛？」「太好了，這問題我們一起來查查看……」討論時還加上各種動作去感覺骨骼肌肉的運作。

短時間裡問了歷史、物理、生物……這些問題的領域也差太多了。周而復始，父子不時出現演劇討論的場面。只是他的成績就是很普通。上了國中，普通依舊。他的好人緣，讓同學愛聽他聊天講故事。而老師上課會丟問題給同學，幾乎每次都是他先舉手，都答對。同學問他怎麼懂這麼多？他答：因為我爸會跟我聊天。

後來，他多了個「許寶傑」[1]的綽號。

十二年硬塞的知識

那天傍晚，諾亞放學回到家，氣噗噗摔了書包在餐桌，大吼一聲。砰聲巨響嚇跳了專心工作的我。

「厚！為什麼我成績這麼差！」他吼著。

看著他印堂發紅，眉頭緊皺，鼻翼上擠，把法令線擠長了。真是怒氣非常！

「欸？你成績差又不是一、兩天的事。怎麼突然生氣成這樣？」我失笑了。

「厚！」看我在笑，他更大聲了。「不是啦！」

「不是什麼？」失笑的我轉為好奇。

「不合理，這一點都不合理！」依然激動：「你看我的月考成績單。」

他丟到桌上，我看了一下，班排十來名，校排一百多。

「很正常啊！」我說。

「爸，班上同學不是叫我許寶傑嗎？」他說。

「對，叫好一陣子了。」我回。

「今天拿到成績單，突然發現明明我懂很多，但成績卻不怎麼樣！」他繼續：

「班上同學常來問我問題。」頓了頓接著說：「就連前三名的同學也常來問我。但

---

1 台灣的東森電視台新聞談話性節目「關鍵時刻」的主持人是劉寶傑。當時學生會說「你是劉寶傑喔！」來戲稱什麼都能聊的人。

為什麼我比他們懂得多，但成績卻沒有他們好？這不合理啊！」

我心想：哈！時候到了，這人要更開竅了。便說：「來，諾亞，我告訴你這是怎麼回事。」他怒火稍降，我們進入父子認真討論模式。

上課、讀書、考試、拿成績的教育制度，可以推溯到牛頓在十七世紀末出版《自然哲學的數學原理》之後，人們透過數學演繹物理的邏輯關係，很多現象因此可以解釋清楚。於是，人們就以牛頓的方法為基礎來觀察、實驗、研究、推論、歸納，然後得到了結論。其中證明很多猜測是錯的，但也證明很多理論是對的。三百多年下來，錯的猜測被淘汰，驗證對的留下來變成知識，現代社會用這些知識建立。因此，這些知識對現代人很重要。

然而人生有限，要再活一次三百年，全部再把知識驗證、重新弄懂嗎？不可能！生命不可以這樣消耗。因此，教育人士把知識整理成完整的系統，而最基礎的部分壓在十二年的義務教育裡餵給學生。

「三百多年的累積，用十二年傳授，只能硬塞！」我伸出雙手，誇張作勢把東西塞進他腦袋。

那麼，要怎樣才知道你有沒有懂呢？畢竟不能叫你們把全部實驗全部重做一次啊！對，考試，就用考試確認懂了沒。

「諾亞，你不會考試，是因為你用三百多年的方式過日子，任意探索、到處發問、自力求解，所以你不知道設計好的知識系統是如何運作的！」我說。

諾亞換成專注聆聽思考的表情，忘了生氣。

「爸，那我可以怎麼做，才能懂這個系統？」他問。

「第一，少花時間跟我聊天。因為破解這系統需要高度的專注力；跟我聊天太好玩，會不專心。第二，家附近有間夫妻經營、小而美的全科補習班；補任何一科都可以免費使用自習教室，家裡沒什麼錢，你挑一科補，然後每天去自習教室讀課本，專心破解系統。」我說。

「好，那我明天就去報名。」諾亞露出帶勁的燦笑。

「等一下！還有更重要的一件事。」我說。

「是什麼？」諾亞問。

「第三，你從小就有很多問題，其實這個知識系統整理得非常有效率，弄懂它就有能力自己推導出答案，不必再問我。到時候你會比我強大！」我說。

聽到第三點，他眼睛發出光芒。

一個月後，剛好就一個月。諾亞回到家，再度摔了書包在餐桌，大吼一聲。砰聲巨響讓原本專心讀書的我嚇了一跳。

「哇！爸，你是對的，你真的是對的！看看我的成績單！」諾亞說。打開來一看，全班第二名，校排第三十七名。在他的國中校排三十名內，就能上區域錄取分最高的高中。

後來，他維持水準到國中畢業。而我們聊天的時間仍然很多。

過了一陣子班親會，班導師對阿妮說：「許媽媽，我要謝謝妳們。妳們諾亞人緣好，跟大家都處得來。他成績突然變好，班上同學大受刺激，覺得本來成績差的人都可以變好，那自己也做得到。所以，現在班上讀書風氣變得不錯，我也輕鬆好多。」

造福人群，真是意外收穫。

諾亞開竅的VSAI解析

諾亞氣得摔書包，明顯出現強烈的落差感。我用幽默的方式來接納承認他的狀態「欸？你成績差又不是一、兩天的事。怎麼突然生氣成這樣？」立刻與他的狀態同步。當他還生氣地說：「不合理，這一點都不合理！」即使不知道發生什麼事，仍然保持狀態同步，而不是責備他情緒失控沒禮貌。

落差被接納便有安全感，他就講出自己「想要成績變好」的願景V。有V就有動力，所以「這人要開竅的時候到了」。肯定V，不花力氣數落過去成績不好，就能放心承認現況，很快讓落差轉換為策略S。此時可以恢復冷靜理性，馬上進入講道理找方法的A狀態。而且，他已經有自己在意的V，所以我用邀請的方式說：「來，兒子，我告訴你這是怎麼回事。」保持和他的V同步，他就對找出方法A充滿興趣。

在A狀態就好好講道理和邏輯：討論知識系統、教育制度、考試的運作方式，以及他的求知習慣……。整個長長的對話過程，A狀態全程保持同步。

當他說出：「爸，那我可以怎麼做？才能懂這個系統。」時，他說「做」，就是行動I狀態。於是我告訴他：「少跟我聊天、破解考試系統、去補習班使用自習教室。」都是具體的動詞和資源。因為I狀態也保持同步，他很快講出「明天就去」的具體行動時間。

在他堅持晚自習過程中，我們天天支持他的執行I：累了回家放心小睡快速充電、備好晚餐吃飽出門、自習回來後才和他聊天等。於是，他改善成績的VSAI結構就完整地成長發展出來了。

教育理論常強調每個孩子都不一樣，要幫助他們發揮各自的特色。但在教學體制中，這很難！學校主要功能是傳授知識，為了教學效率，只好用統一而公平的方式面對學生。如果老師願意俯就孩子的不同，很好！但這是幸運，不是常態。面對孩子的不同，家長才是主要的陪伴角色。

我們三個孩子，當然都不一樣。而且，從出生那天起，我和阿妮也決定讓他們長成自己的樣子。所以，專注於他們的VSAI狀態，保持和他們同步，而不必在事件本身琢磨太多。幫助子女分配好早就內建在他們身心之中的成長發展力量，讓思維系統自己成長發展起來，便能成為一個有力量的獨立人了。

本章重點

- VSAI不一定照順序出現，但因為連動，只要出現任何一個，都可以拉出後面另外三個狀態。
- 辨識出VSAI的狀態後，接下來的關鍵應對是和子女同步面對狀態。
- 家長要合作一致，為子女頂起成長發展的空間，如文中所述：「我是妳爸，我說可以就可以。回去我跟媽媽商量怎麼做。」
- 每個孩子都不一樣，要用不一樣的方式對待。

學習與反思

- 看完家姊、麻吉、諾亞的每個故事，你分別注意到什麼重點？（每則故事請寫下三個）想一想，為什麼你會注意到這些重點？你在意的是什麼？
- 想一想，你的孩子有出現過哪些極端狀況？當時你的應對過程是怎樣的？你覺得應對的效果如何？還有什麼改進的可能？
- 跟著上一個問題。如果你覺得應對得好，從VSAI的結構來看，你的做法分別是落在什麼位置？如果你認為自己應對得不夠好，若有機會重來，用VSAI的結構來看，你會怎麼做？
- 想一想，你的親友之中，在教養上有出現過哪些極端狀況？當時親友的應對過程是怎樣的？你如何評價他們的應對方式？如果換成你去應對，用VSAI的結構來看，你會怎麼做？

第 11 章

子女的完整，來自家庭與人際關係的完整

完整的家人關係

生命的成長發展很多是在人與人互動中建立的。我和阿妮認為，如果有年齡跨度大又多元的人際互動，很有益於子女的成長發展。還住台北時，參與的基督教會很溫暖友善，多元的人際關係，真有「同村共養」的感覺，也能滿足這樣的教養需求。

我們從台北搬回鄉下，除了想讓孩子有更大的生活空間。鄉下還有九十歲的阿祖、阿公阿嬤、小孩的姑姑，加上爸媽，四代同堂能有很多互動。教育理論常常談到「混齡教育」以及「代間教育」，剛好是我們現成的教養條件，放著不用實在太可惜了。

現代台灣社會，四代同堂是小孩畢生難得的經驗。回憶我在三合院成長，叔伯姑嬸兄姊弟妹，老老少少、進進出出、招呼敘談的各種互動，可以看到生活林林總總的真實面。後來村裡人口凋零，空戶甚多，四代同堂雖算不上同村共養，但三個小孩還是能浸潤在很多互動的氛圍中。

但阿妮就會很辛苦！四代同堂有許多家族親友往來，真是排山倒海的挑戰。而且，我天天離家上班，整個白天消失無蹤，回家把握時間與孩子快樂相處，尤其顯得重要，也才能讓阿妮稍稍得以喘息。

黃昏親子散步、全家晚餐聊天、陪孩子寫功課、遊戲、讀書，直到孩子洗完澡上床。陪小孩入睡是我的責任，睡前時刻是特別有親密感的重要時間。

曾經我們也是讀故事書給孩子聽。子女還小時這還足夠，日漸長大後都能自己閱讀，陪睡再讀故事書會變成老調重彈，不免應付了事。後來開始講自己小時候的故事，他們聽得津津有味，順便知道爸爸也曾經是小孩。

故事終會講完。每天工作耗精竭力，現實上已經沒力氣再另外編故事。但若只有陪睡，最後總是落得孩子還在翻滾，爸爸先不省人事。

教育理論常提醒小孩的想像力比大人豐富。既然如此，我思忖了一陣子，就和孩子一起創作睡前故事，也讓孩子好好講他們在學校裡發生的事，聆聽他們每天的生活故事，完整呈現自己，就能參與到他們的生命。

人都愛聽故事，也喜歡講自己的給別人聽。家長要把子女當成完整的人，好好聽他們講自己的故事。故事，可以完整呈現出一個人。

子女上學、參加活動、找朋友，每天、每周、每月都在累積他們的故事。書院裡的學生也有各自的故事。不管是子女或學生，我花時間聽他們的故事，從情節中認識他們的心情、思考、人際關係，成就感……多方面。我們先去聆聽和感受，不急著理性分析，從大大小小互相套套疊疊的事件裡，看到他們生命綻放的樣子。

學生和孩子的許多故事，就這樣留在我心中。年復一年，和他們一起在那些情境累積沉澱。我緩緩默默在心裡分析VSAI狀態、形成圖像、排列位置、放入思考空間裡定位，就更了解他們。最後再回饋讓他們了解自己的狀況，也讓他們感受到我的用心陪伴。

聽他們的故事

理性的分析源自於感性的聆聽。我的能力就在陪伴學生成長發展過程中累積了。全然聆聽他們表達的故事，才有足夠的資訊進入VSAI的討論。

引導子女或學生把自己的故事講出來，我會像連續劇的前情提要來開頭，例如：昨天講到機器人團隊比賽，機械臂強度不夠，今天跟阿畢同學找到什麼解決方法了嗎？小皮同學和你討論PS4「刺客教條」的破關祕訣，結果卡關的那邊破了嗎？波動物理考不好，是卡在上次講的傅立葉分析那一趴嗎？室友和妳生活作息的問題，之前說是關燈和拉窗簾的時間，現在協調得怎樣了？

以上問題的共通點，是從他們在意的角度出發，而且必須對他們的生活有基本了解才問得出來。

面對轉換期的子女或學生，有時問了會被他們敷衍過去，甚至不搭理你，讓人覺得他們「不想溝通」以致惱怒。而我的做法是先等等，別急！因為問題很具體，子女會感受到關心的力量。等他們調適好前額葉的電流，就會跑來跟你講話，到時再重新啟動聆聽就好。

萬一答非所問，講的內容和本來的問題無關也很好，因為這會開啟另一個故事。等到故事講完整，全貌出現了，再來進入理性的VSAI來理解分析。

聽子女、學生的故事，是照顧他們的心，合起來完整地愛他們。接下來再解析他們心中所思，用細節和邏輯來理解他們的行為。前者的焦點就是在照顧「成長發展」，而分析的結果便是在為「成就表現」鋪路。

負面落差最常是應對的起點

留意前面的故事，我應對子女和學生，總是以落差情緒做為判斷的前鋒。而且多數是紅燈的負面信號。這也能解釋為什麼許多教養、溝通的書籍多數在談情緒議題：情緒勒索、情緒包容、情緒對話、情緒管理等。但我們不能只停留在落差的狀態，而是需要引導子女轉為策略S，再進到願景V、方法A、行動I的每個部分，讓子女心裡的力量可以流動分配，成長發展出自己獨特的樣子。

我再強調，所有情緒議題，最終是要引導子女找到V，因為那是生命力量的起點。V決定了，其他才能跟上來。如同第二八四頁圖31看見的：V在最上面，下面的S、A、I都在V的「投影」範圍之中，我們把圖31上方來的力量想成是光線，力量的光線會投向VSAI的層次結構，層層傳遞下去，由V到S到A最終到I，好像用光線繪畫一樣，在心裡刻畫出生命的痕跡。因此VSAI有了「四位一體」

的整體性。換句話說：無論從Ｓ、Ａ、Ｉ哪一個做為起點，其實都可以找到Ｖ。

許多親子的衝突，我認為本質上主要是ＶＳＡＩ不同步，其次是ＶＳＡＩ中的某個狀態沒有被照顧到。

ＶＳＡＩ不同步，心裡的力量會容易卡住。也許卡在Ｖ，很多卡在Ｓ，有的卡在Ａ、或者卡在Ｉ。但因為人的成長就像第二七一頁圖29那樣的循環，卡住就會原地打轉，鬼打牆就是這麼來的。

ＶＳＡＩ的狀態沒被照顧到，是家長漏掉子女的某個狀態沒去應對。基本上，只要保持「先處理感受Ｓ，再面對行動Ｉ的事實，接著釐清和肯定願景Ｖ，再重整出合適的方法Ａ」這個原則，所有的狀態都會照顧到。更直觀來說，照顧子女的ＶＳＡＩ是：

談夢想、期待、希望的時候，就是子女想讓願景Ｖ被看見。

談情緒和感受的時候，先讓子女的落差被接納，就能轉為發展策略Ｓ。

講道理和邏輯的時候，就要認真和子女探索方法Ａ。

談到執行I，是子女需要支持和鼓勵，幫助他們堅持下去。

子女能感受到一致和完整，是肯定他們的V，接納聆聽他們的S，認真找出適合的A，為每個做到的I加油。

我面對子女和學生的祕訣，是專注應對他們當下的狀態，所以會有好的關係，他們也覺得自己被支持，然後能長出一致和完整的VSAI層次和結構。因此，當外來的力量加上去，他們心裡就有能力分配力量的流動，完成屬於自己的成就表現。

應對的原則在本書第八章提到過，分別是：

- 肯定V：要先無條件肯定、不以自身價值去判斷子女在乎的V狀態。
- 接納S：要聆聽、接納子女的S狀態。
- 論理A：深入和子女討論邏輯、講道理，好好認真面對A狀態。
- 堅持I：支持子女投入行動，全力以赴。最好能露臉陪伴，為他們鼓勵、吶喊、加油，堅持到有結果。

照顧到四個狀態就是和子女的全面互動，也是陪伴他們「成長發展」的真義。建立子女整體身體心理靈魂的一致和完整性來長出獨立的力量，「成就表現」就只是順道附帶的果實。

成長發展，是變動和累積的過程

本書主張「教養」和「教學」是分工合作的關係。家長承擔教養的責任，就是子女的「成長發展」。學校承擔的是教學責任，也就是讓子女能有「成就表現」。良好的「成長發展」能順水推舟、順勢而為產生「成就表現」。

成長發展是為了讓子女心裡有結構清晰、層次分明的思維系統。應用這個思維，子女能分配內在的力量和外在的資源，有能力應對外來的壓力，成為自己獨立長大的養分。我在教育現場和學生的深談與觀察，看到了思維系統有VSAI四個狀態，交疊成立體有層次的碎形結構。在大腦裡的時空中循環往上升級，創造改變出無限可能，直到生命走到終點。

因為成長發展有無限可能，所以當年我教攝影給學生的評分方式是「無上限」。學生交上來不管幾張作品，每張我都會仔細看，有的作品分數低，有的作品分數高；有人交得多，有人交得少，只要全部累計到六十分，這學期就不會被當。因為成績每周統計，有人過了六十分，不會被當就不再交作業，能力也就停在那裡。

那些繼續交作品討論的同學，我會累加他們的分數。不少人累計超過一百分甚至二、三百分，很能看到他們的認真投入，攝影功力直線上升。學期結束，再用算式把分數壓縮回百分級送給學校登記成績；但和同學討論作品時，只用原始分數來評估累積的攝影實力。

我們的教學制度，只用百分級看學生的成就表現，而且不累加，學期過完成績重新計算。然而，子女的成長發展是累加的！家長能看到子女人生中的原始分數，請勿壓縮，放手讓子女累加吧！因為他們只需要向生命本身交成績。

子女的成長累加，家長也要跟著成長。我大三買機車時，對父親說出「你兒子長大了，請你也跟著長大」這句話也適用於我們。只要子女在成長發展，他們的願景V會一直升級更新、替換掉舊的，跟著的S、A、I也隨之改變升級。相對之下，本來的V、S、A、I也會降級，最後變成了舊時的回憶甚至消失。我很喜歡聖經說：「忘記背後，努力面前的，向著標竿直跑。」最終有豐盛的生命成為人生的獎賞。

擁抱，讓關係變完整

日月潭附近有間寄宿學校。校園廣大，景色優美，空氣新鮮，老師也用心善待學生。我收到邀請去演講分享，談談如何面對青少年的教養挑戰。

演講日在周末，假期時阿妮必然同行。出發前一周，問了姊弟三人要不要一起去？他們答應得乾脆爽快。

日子到，準時出發，車子開上國道六號往埔里。行車間一家五口話題流轉、東扯西談、有問有答、歡笑不止。談到一個段落，五口很有默契同步暫歇，安靜得只剩引擎轟轟、窗外氣流嘶嘶。

家姊嘆了一口氣，搖搖頭：「唉——欸？」我心想怎了？

「好奇怪喔！我們都國、高中了，同學基本上不會想跟爸媽出門。為什麼我們三個還會喜歡跟你們出來呢？」家姊說。

兩個兒子也出聲贊同。

「喔？」我心想。速速轉頭和阿妮對視，果然看到她臉上也露出滿足的笑容。聽起來，這是讚美呢！

我是五年級後段班，不是自在表達感情的世代。男子有淚不輕彈，女孩子必須衿持有度，男女授受不親，心思情感含蓄內斂才是美德。

家族有位姑姑在一九七〇年代考上頂尖大學，當年能讀大學的人屈指可數，她真是天資聰穎、獨步全村。小學六年級，我父親帶著兄弟姊妹四人去探望姑姑，順便參加園遊會。廣闊美麗的校園，蓊鬱森林，校舍挺立，充滿知識和智慧的氛圍。

漫步之際，我聽到父親輕嘆，是對大學氣息的頌讚。我對他一向保持敬畏，始終保持肢體距離。忽然，他把我拉去緊緊摟住，感性又溫柔地說：「你們要努力，以後跟姑姑一樣上大學，我就心滿意足了。」有記憶以來，我爸從未如此柔情！

但剎時我全身無法動彈，僵立在路上。好可怕！雞皮疙瘩掉滿地！

原來我一點都不習慣被爸爸擁抱。

上了高中接觸基督信仰，投入教會生活。教會主事者是位加拿大女傳教士，她的溫暖包容讓我學著表達自己。任何想法、感受、意見、思考、辯論……都被她認真對待。我從小問題也多，真是如魚得水。

某日，和教會年齡相仿的女性朋友聊到很有哲思、內容深入的話題。強烈的共鳴與心靈悸動，讓我很想給她大大的擁抱。但禮教約束限制了我，只有報以長長的微笑。

又幾日，和教會的拜把兄弟，談論種種社會現象，反思人生的價值意義。兄弟同心、看法相符，也是感動莫名。又很想給他大大的擁抱，但那個年代，男人互相擁抱很奇怪，我也停住了。

但想到前些天和女性朋友的互動，就跟兄弟說：「不對啊！」兄弟不明所以看著我。

我繼續說：「明明就很感動，女的不能抱，男的也不能抱。要表達感情很卡欸！為什麼加拿大傳教士跟大家的擁抱都好自然？」

好兄弟說：「是啊！別管了，那就抱吧！」

和好兄弟擁抱，打開了限制心態的牆。在教會裡，我漸漸習慣擁抱。

年輕時沒小孩，看到嬰幼兒總覺得麻煩，無法理解啼哭所為何來。成家後心境漸漸改變，覺得能教好小孩的夫妻，很讓人心生羨慕。

等到孩子出生，親手貼身，緊抱襁褓，奶香相伴，粉頰撲紅，溫暖又可愛，滋潤舒心到令人心軟不已。小小嬰孩擁入懷中，赫然察覺被療癒的竟然是自己。

孩子漸漸長大，不時也要貼近大人。喝奶，講故事，聽音樂，有時候落雷、閃電、風震門窗，總要跑來身邊依偎緊貼，孩子對父母的擁抱是容易的。父母對幼子憐愛之情，要擁抱也仍然容易。然而當孩子進入獨立轉換期，開始和父母畫出界線，擁抱讓兩邊都覺得扭捏尷尬，半大不小的身軀也讓父母無從入手。如果不刻意維持，擁抱便會慢慢在生活中消失。

有個周日，例常到教會禮拜。我在樓上，清楚縱覽下層座位的會友。將近結束，牧師為大家祝福。禱告完畢，他用歡快的語氣鼓勵會友彼此握手問安，若是家人就互相擁抱。

有位女性長輩，左右站著一雙準大人子女。遵照牧師的話，長輩轉身抱住右邊的女兒，但我卻看到女兒雙手下垂，臉面撇向別處，絲毫沒有回應。長輩更用力，幾乎是把女兒舉起來。但女兒卻放直身軀，兩手下垂、雙掌握拳，如同杉木一樣直挺挺，沒有一點情願。

女長輩臉露無奈，轉向左邊的兒子照樣抱去，顯然兒子又大又重，又是根抬不起的木頭，便悵然放下。

我心中大驚，如果以後孩子變成準大人也這樣對待我，受得了嗎？

我私下找那位女長輩討論。因為熟悉信任，她如實跟我聊到親子互動的種種事件。總之，也是礙於工作忙碌，忽略了與孩子的親密關係，話題總在學業、功課、成績、補習、才藝……的成就表現中打轉。因此，牧師講到要彼此擁抱時，她想到好久好久沒抱他們了，卻得到冰冷的回應。她先是向我抱怨一番，但最後長長嘆了一口氣：「唉！我們好像在孩子很重要的時期錯過一些東西了。」

擁抱是互相的

長輩當時說出了面對子女的心聲，但子女對家長呢？

我想到學生雪霙。她好在乎和母親建立親密關係，但因為難以理解的原因，媽媽總冷漠輕視對待雪霙。她寫了給媽媽的話，但媽媽不看。雪霙知道我會認真看，便把這段文字傳給我。我讀了，若是這是我孩子說的話，會好悲傷。

我很抱歉，這個世界不會繞著任何人轉，一定很難過吧。

明明想成為世界的一部分，奔跑著期待月亮與星星圍繞我，隨我奔跑。

我很抱歉，這個世界沒有圍著妳轉，一定很懊惱吧。

明明我就是世間的一部分，奔跑著期望成為世界的一部分，隨祂奔跑。

我很抱歉，我沒辦法像從前那樣愛妳，一定很難受吧。

明明妳曾經是我世界的一切，明明想被愛卻狠狠地把我們推開，逃離。

我很抱歉，我無法承認我不愛妳，一定很痛苦吧。

明明想離開妳的尖刺與無理，卻期待著妳能回應我。

我很抱歉，但我要控訴這個世界，為什麼不為任何人而起舞，不為任何人期待。

明明我就是妳的一部分，卻要我自己證明是妳的一部分。

（雪霙，女，19歲，澳門，大學生）

年歲過去，孩子成了準大人，親子間漸漸失去溫度，直到關係有了隔閡。許多家長找我談孩子的事，每每在對談中潸然淚下。當他們重新看待親子關係，才體悟到失去了更重要的珍寶。子女長大後，一定會長出自己的樣子，也會和我們不一樣。要同步一致，何其難！

「碎形」是布滿很多孔洞的。因此，VSAI碎形思考不是萬靈丹，不能鉅細彌遺接住每件事。但是，「包容」卻可以。那麼，就擁抱吧！即使關係破碎不完整，即使不能百分之百接住彼此，都能在擁抱的包容中滲透彌補。

孩子會建立界線，但擁抱卻仍能貼近彼此，因此擁抱要刻意練習。父母可以提出要求，如果子女不想抱；就不用抱。他想抱，那就抱。但如果不置可否呢？就說是父母的需要吧。當父母在準大人面前提出需要，孩子會覺得自己有大人樣了。父母求我？哈！好，我同意。

做了幾年爸爸，我才懂得父親當年為什麼擁抱我。不只是望子成材，更是他累積心裡的情感，想流轉到自己親愛的兒女身上。

擁抱，能把感官和知覺全部打開。擁抱，會解鎖心靈的閘門，讓情緒感受滾滾滔滔而出。擁抱，會帶來無可言喻的完整感。擁抱，會注入療癒，止息心痛、憤怒煙消、晴光入射、抑鬱散盡。慢慢，獨立轉換期的子女會接受擁抱這回事。包容尊重會讓心重新加溫。而且，獨立轉換期的擁抱，也會讓子女知道，我的擁抱是對你獨立的支持，不認為你是叛逆。

我和阿妮也沒有凡事冷靜，難免對孩子生氣甚至失控。但因為我們堅持擁抱，最終我們留住了超愈語言的療癒能力。家抱，替換了家暴。

家姊、麻吉、諾亞現在都成年了，但家抱的習慣沒有停止。各種不同形式的家抱，還有不同的稱呼：

每天都要抱，就叫日抱。早上抱，叫早抱。晚上睡前抱，是晚抱。隨時想要抱就抱，自由時抱。全家五口圍起來抱，叫聯合抱。有人站中間，其他人圍著抱，中央日抱。

希望有獨立轉換期子女的每一家，天天完整日日抱。

本章重點

- 子女的完整，來自家庭與人際關係的完整。
- 子女每天都在寫自己的人生故事，完整聆聽子女的故事，會讓你更了解他。
- 面對子女時，請完整地對待、引導和關愛他們。VSAI 放在家長心裡分析就好，請用它來理解子女，而不是用來拆解子女。
- 再怎樣努力的對待，都會有不足。再怎樣的分析，都會有漏洞。能夠補漏的，只有包容。
- 擁抱，可以超越語言去表達家長與子女彼此的包容。

學習與反思

- 你常常聽子女講他們的故事嗎？天天聽？周周聽？月月聽？還是都不聽？不管如何，今天就開始聆聽吧。
- 這本書，其實可以夫妻或親子共讀。最好是一人一本，寫下屬於自己的心得和故事。再和家人來聊聊自己的感受和收穫吧。
- VSAI不是萬靈丹，但可以藉著它更清楚看到親子間的互動狀況。如果還看不清楚，沒關係，先用包容的態度面對彼此。慢慢地，就會看懂了。
- 擁抱很好，但除了擁抱，還有其他可以表達全然包容接納的做法。和家人一起找出來，而且要常常做，讓它成為你們的專屬行動吧！

【誌　謝】

本書完成，最要謝謝我的父母，因為我由此傳承。雖然您們生於一九三〇年代，卻如諾亞所說：阿公、阿嬤太強了，他們當年的教養觀念放到今天都不過時耶！

自小無話不談的大姊、大哥、二姊，給我很多實用的寫作修改建議，而二姊更是陪伴著三小長大。許氏乾坤飛越大家族近百人的凝聚力，使我自幼就有寬廣的人際視野，能細微察覺人與人之間互動的奧妙。

還沒人知道什麼是「碎形思考」時，楊文和、鄭秀茵、張林麗卿、張澤民，很早就慷慨支持我啟動探索研究，您們的業界閱歷加上林誠謙博士與張文亮老師的啟發，也鼓勵了我勇往直前。

我曾經的主管：澳門大學曹光彪書院劉全生與劉潤東院長，澳門大學程海東副校長，東海大學博雅書院王偉華與王崇名院長，蒙恩基督長老教會高聽仁牧師，東海大學基督教會李春旺牧師，基督教台北復興堂柳健台牧師，視丘攝影藝術學院吳嘉寶老師，謝謝您們放手讓我用非傳統的方式推動工作、接觸學生和會友。

眾多的學生與朋友，願意信任對我說出心裡的祕密，你們來自澳門大學曹光彪與各個書院，東海大學博雅書院，基督教台北復興堂，中山女中，關渡基督書院，松山高中，建國中學，北一女中，蒙恩基督長老教會。澳門大學與東海大學的同事，我們一起關心學生、共同面對挑戰：Lampo、Miker、Elaine、Priscilla、Kowin、Wesley、Lantz、Lucia、Katrina C.、Elvo、Mia、Caixia、Peggy、Diane、Natalie、胖Ray、明哥、阿江、琳余、宏明、林郁……等等。

特別謝謝疫情中在澳門像家人令我得療癒的：蕃茄屋Oscar、阿素，宇雁子祺，哲學家Zoe。還有總能同時給出澳門、中國、美國三方年輕人觀點的羊布布。澳門白鴿巢浸信會的牧者、澳大小組年輕人的思考激盪。當年一起思考、應對東海波折及拚搏學位的林曦。

世佳、花輪牧師、家銘靜雯、奕寬、恩瑜、敏倫、姵倩、李藥師、良德、潔如、怡蒨，因為您們試閱難讀的初稿並給了大量意見，才能修改到如今可口易讀。今周刊出版社編輯、行銷團隊訓彰、家敏、安棋不辭煩瑣的進程，讓這本書有最好的樣子呈現給讀者。

因為岳母的愛，我才有阿妮一起建立家庭，也和家姊、麻吉、諾亞一起創作本書。即使視角不相同、觀點不一樣，我們一起修修改改才有了多元思考的精彩啊！

感謝上帝讓我們一家同受生命之恩。即使窮盡一生，人都不會完整，但因為耶穌基督，我們就能坦然無懼來到上帝的施恩寶座前，為要得憐恤，蒙恩惠，作隨時的幫助（聖經，希伯來書4：16）。這樣的坦然能得到最大的包容，生命方能完整。

誌於二〇二三處暑　台灣，台中

國家圖書館出版品預行編目（CIP）資料

放手，不放養：離家出走、不想上學也可以？用準大人的視角一起生活，讀懂他們不說、不問、不談的心裡話 / 許恆嘉著. -- 初版. -- 臺北市：今周刊出版社股份有限公司, 2023.11
面；　公分. --（ilearn；5）
ISBN 978-626-7266-40-3（平裝）

1. CST: 親職教育　2. CST: 子女教育　3. CST: 親子關係

528.2　　112015827

ilearn 005

放手，不放養

離家出走、不想上學也可以？
用準大人的視角一起生活，讀懂他們不說、不問、不談的心裡話

作　　者　許恆嘉
總 編 輯　許訓彰
責任編輯　陳家敏
封面設計　謝佳穎
圖表繪製　邱方鈺
內文排版　家思編輯排版工作室
校　　對　許恆嘉、吳昕儒、許訓彰

行銷經理　胡弘一
企畫主任　朱安棋
行銷企畫　林律涵、林苡蓁
印　　務　詹夏深

發 行 人　梁永煌
社　　長　謝春滿

出 版 者　今周刊出版社股份有限公司
地　　址　台北市中山區南京東路一段96號8樓
電　　話　886-2-2581-6196
傳　　真　886-2-2531-6438
讀者專線　886-2-2581-6196轉1
劃撥帳號　19865054
戶　　名　今周刊出版社股份有限公司
網　　址　http://www.businesstoday.com.tw

總 經 銷　大和書報股份有限公司
製版印刷　緯峰印刷股份有限公司
初版一刷　2023年11月
初版五刷　2024年 5 月
定　　價　420 元